Sicher ist sicher. Bei aller Sorgfalt, die wir in der Recherche haben walten lassen, können sich Öffnungszeiten auch einmal kurzfristig ändern, oder ein Lokal ist gerade an Ihrem perfekten Köln-Wochenende ausgebucht oder geschlossen. Darum empfehlen wir, grundsätzlich möglichst weit im Voraus zu reservieren. Ein kurzer Anruf genügt, und Sie können sicher sein, zur vereinbarten Zeit einen Platz zu finden.

für die Süddeutsche Zeitung Edition
in Kooperation mit smart-travelling GbR, Berlin
Reihe „Ein perfektes Wochenende in ..."

Idee und Konzept: Nancy Bachmann, Nicola Bramigk
Texte: Andrea Zepp
Fotos: Florence Haferl, S. 13–14: Uwe Spöring
Gestaltung und Illustration: Rahel Streiff
Redaktion: Nicola Bramigk, Andrea Zepp

Projektmanagement: Michaela Adlwart
Litho: Munira Abdulrahman
Herstellung: Thekla Licht, Hermann Weixler
Druck und Bindung: Kessler Druck + Medien, Bobingen

Printed in Germany
1. Auflage 2011

ISBN: 978-3-86615-885-6

SMART
TRAVELLING

EIN PERFEKTES WOCHENENDE IN …
KÖLN

☞

www.smart-travelling.net

LIEBLINGSADRESSEN IN KÖLN

Hotel: Hopper Hotel St. Antonius
Dagobertstraße 32, Altstadt-Nord
Tel: 0049 (0)221 16600
Seite 8

Hotel: Hotel Chelsea
Jülicher Straße 1, Belgisches Viertel
Tel: 0049 (0)221 207150
Seite 14

Restaurant: Bei Oma Kleinmann
Zülpicher Straße 9, Kwartier Latäng
Tel: 0049 (0)221 232346
Seite 22

Restaurant: Le Moissonnier
Krefelder Straße 25, Neustadt-Nord
Tel: 0049 (0)221 729479
Seite 30

Restaurant: L'Imprimerie
Cäsarstraße 58, Bayenthal
Tel: 0049 (0)221 3481301
Seite 36

Restaurant: Vintage
Hahnenstraße 37, Altstadt-Nord
Tel: 0049 (0)221 920710
Seite 48

☞ Weitere Adressen finden Sie unter www.smart-travelling.net

Restaurant: Bali
Brüsseler Platz 2, Belgisches Viertel
Tel: 0049 (0)221 522914
Seite 54

Restaurant: Alcazar
Bismarckstraße 39a, Belg. Viertel
Tel: 0049 (0)221 515733
Seite 60

Café: Café Heilandt
Bismarckstraße 41, Belgisches Viertel
Tel: 0049 (0)221 56958322
Seite 64

Bar: Salon Schmitz
Aachener Str. 28, Belgisches Viertel
Tel: 0049 (0)221 1395577
Seite 70

Shop: Herr Riester
Maastrichter Str. 9, Belgisches Viertel
Tel: 0049 (0)221 99879509
Seite 80

Gut zu wissen
Tipps, Ausflüge, Spaziergänge
Seite 89

Kölnkiosk

KÖLN KÜTT WIE ET KÜTT

„Ich hätte gern ein Wasser!“ – „Geht klar – darf ich Ihnen dazu ein Stückchen Seife und ein Handtuch bringen?“ – Der typische Humor der Köbesse in Kölns urgemütlichen Brauhäusern sagt viel über die Mentalität der Kölner aus. Sie schätzen Geselligkeit über alles, scherzen gern, sind geradeheraus und trinken am liebsten ihr Kölsch. Als hätten sie es von den Römern geerbt, zieht es sie nach draußen, um in lauschiger Atmosphäre ins Gespräch zu kommen. Freuen Sie sich auf eine extrem gastfreundliche und kunstaffine Stadt. Neben seinem majestätischen Dom und den mehr als 200 weiteren Kirchen hat Köln auch für Nicht-Pilger eine Menge zu bieten: die spektakuläre hypermoderne Architektur des Rheinauhafens; die vielfältige Museenlandschaft, bereichert um das Kolumba und das Rautenstrauch-Joest-Museum; die quicklebendige Galerienszene; den Rhein und seine Ufer; die Rheinterrassen und die Seilbahn mit ihrem Wirtschaftswunder-Charme; Reibekuchen, Schnitzel und Koteletts in den rustikal möblierten Brauhäusern – aber auch authentische französische Küche; die romantische Naturschönheit des Siebengebirges und die geplante Heiterkeit auf Deutschlands ergiebigster Karnevalsbühne.
Die viertgrößte Stadt Deutschlands hat als Messe- und Dienstleistungsstandort optisch nicht unbedingt das Potenzial für die Liebe auf den ersten Blick – aber auf den zweiten erwischt es einen umso nachhaltiger. Als hätten die Römer Köln nicht nur eine imponierende Stadtmauer verpasst, sondern auch unsichtbare Arme, die die Gäste auf all ihren Wegen herzlich umschließen. Et is wie et is.

Mühlen
Kölsch
TAGLICH WECHSELNDES
MITTAGSMENU
2 GANG INKLUSIVE EINE TASSE
KAFFEE ODER ESPRESSO
HAUPTGANG ZUR WAHL:

HOPPER
Hotel St. Antonius

HOPPER HOTEL ST. ANTONIUS

Im Eingang des ehemaligen Gesellenheims von 1905 hängt ein Kleid an einem Bügel: so, als hätte es ein Gast beim Hinausgehen dort vergessen. Doch dann entdeckt man daneben ein Foto, auf dem sich die Künstlerin Dagmar Sippel in genau diesem Kleid neben Alfred Hitchcock platziert hat. Anspruchsvolle Fotokunst in historischer Bausubstanz – so lautet das Konzept des Hopper St. Antonius. Man wohnt zurückhaltend komfortabel, genießt den unaufgeregten Service und fühlt sich sofort angekommen und gut aufgehoben. Das gilt auch für die ruhigen Zimmer mit den gediegenen Marmorbädern. Wer oben wohnt, hat je nach Lage einen schönen Ausblick über Dächer und Dom. In einem gläsernen Aufzug schwebt man dahin und erfreut sich an der Individualität des alten Gebäudes mit seinem begrünten Innenhof, in dem man im Sommer auch herrlich frühstücken kann. Durchweg angenehm ist es, in den großzügigen Räumlichkeiten zu verweilen. Auf den Frühstückstischen liegen als Unterlagen Straßenkarten aus Papier; ein Blick darauf verrät, wie zentral das denkmalgeschützte St. Antonius liegt: Die Altstadt, den Kölner Dom und viele andere Sehenswürdigkeiten erreicht man bequem zu Fuß. Am Kölner Messegelände ist man mit öffentlichen Verkehrsmitteln in zehn Minuten.

Hopper Hotel St. Antonius Adresse: Dagobertstraße 32, Altstadt-Nord
Tel: 0049 (0)221 16600 Internet: www.hopper.de
Preise: DZ ab 145 Euro inkl. Frühstück

FRISCHER
DEUTSCHER
SPARGEL..
JETZT !!!

☞ Andere Hoppers und Art'otel

Wer lieber in der Südstadt wohnt oder im trendigen Belgischen Viertel muss nicht auf das bewährte Hopper-Konzept – Kunst und Betten in historischem Gemäuer – verzichten. Im Hotel et cetera wurden Mönchszellen des 1893 erbauten Klosters in gemütliche Zimmer verwandelt. Auch das St. Josef in dem gut erhaltenen Baudenkmal von 1891 in der Südstadt verbindet komfortables Wohnen und Kunstanspruch auf hohem Niveau.
Das Art'otel am Yachthafen ist der Koreanerin SEO gewidmet, einer Meisterschülerin von Georg Baselitz. Schon allein des bunten Blicks auf den Rhein wegen empfiehlt sich das Art'otel mit seinen farbigen Fensterscheiben als besondere Adresse.

Hopper et cetera
Adresse: Brüsseler Straße 26, Belgisches Viertel, Tel: 0049 (0)221 924400
Internet: www.hopper.de, Preise: DZ ab 120 Euro inkl. Frühstück

Hopper St. Josef
Adresse: Dreikönigenstraße 1 – 3, Südstadt, Tel: 0049 (0)221 998000
Internet: www.hopper.de, Preise: DZ ab 160 Euro inkl. Frühstück

Art'otel
Adresse: Holzmarkt 4, Rheinauhafen, Tel: 0049 (0)221 801030
Internet: www.artotels.com, Preise: DZ ab 120 Euro inkl. Frühstück

Chelsea

HOTEL CHELSEA

Das Chelsea war in den 80ern für die Kölner Kunstszene das, was das Studio 54 in den 70ern für New York war: Bühne und Begegnungsort für Künstler. Beides wurde zur Legende – das Chelsea zu einer lebenden. Der kunstliebende Philosoph Dr. Werner Peters verwandelte das ehemalige Bus-Hotel mit Blümchentapete in ein bewohnbares Museum für moderne Kunst – zunächst ohne jede Absicht. Das wenig attraktive Gebäude war zu Anfang wie ein Klotz am Bein. Das änderte sich, als Martin Kippenberger eine Wette gewann und Dr. Peters ihm eine Woche lang Logis gegen Kunst einlöste. Das sprach sich herum. Jetzt hängt in allen Zimmern Kunst, die etwas Persönliches mit dem Chelsea verbindet, zum Beispiel von George Condo, Georg Dokoupil und Andreas Schulze. Zuletzt installierte Richard Wright eine Arbeit in das dekonstruktivistische Dach eines schönen Maisonette-Zimmers mit Terrasse und Top-Ausblick. 2001 wurde dem 60er-Jahre-Kasten dieses auffällige Haupt verpasst, das an ein überdimensioniertes, zerknülltes Blatt Papier erinnert. Darunter thront man am lässigsten in der Kippenberger-Suite: sie ist eine Hommage an den guten Freund und Künstler Martin Kippenberger. Besonders schöne Schwarz-Weiß-Fotos erinnern an den charismatischen Künstler, der als Legende viel zu früh starb. Es lebe das Chelsea! Demnächst übernimmt Werner Peters Tochter die Führung.

Hotel Chelsea Adresse: Jülicher Straße 1, Belgisches Viertel
Tel: 0049 (0)221 207150 Internet: www.hotel-chelsea.de Preise: DZ ab 100 Euro inkl. Frühstück im hauseigenen Café Central

KUNST
PARCOURS

Central

revue

☞ Die Wohngemeinschaft

Die Wohngemeinschaft ist so ziemlich das kreativste Übernachtungskonzept, das man sich ausdenken kann. Eine fiktive WG mit individuellen Zimmern, von einem Bühnenbildner professionell gestaltet, persönlich, lebendig und wirklich originell. Herrlich kitschig ist das Manu, ein Vierbettzimmer im indischen Bollywoodstil mit pinkfarbenen Wänden und Baldachinbetten. Das Hostel hat leider keine Zimmer mit eigenen Bädern – Gemeinschaftsbäder sind ja immer so eine Sache, aber hier ist alles picobello. Das gemeinschaftliche Wohnzimmer ist mit Möbeln aus den 50er und 60er Jahren dekoriert. In dem charmanten dazugehörigen Straßencafé genießt man den erfrischenden Trubel des Belgischen Viertels und erhascht dort die letzten Sonnenstrahlen des Tages. Ein Klassekonzept, mit viel Liebe und Kompetenz umgesetzt.

Adresse: Richard-Wagner-Straße 39, Belgisches Viertel
Tel: 0049 (0)221 39760904
Internet: www. hostel-wohngemeinschaft.de, Preise: DZ ab 59 Euro

BEI OMA KLEINMANN

Sie essen gerne Wiener Schnitzel? Dann werden Sie bei Oma Kleinmann glücklich. Die alte Dame hat mit 86 noch am Herd gestanden und für ihre Gäste mit Leidenschaft gekocht. Ihr Restaurant war nicht nur eines unter vielen, sondern eine Kölner Institution, die querbeet durch alle Schichten und Altersklassen gut ankam. Oma Kleinmanns Fußstapfen waren riesengroß – aber nicht zu groß für Olaf Wolf, der noch ein paar Jahre an der Seite der rüstigen Frau gearbeitet hat, um dann mit 33 Jahren als Chef zu übernehmen. Mit viel Fingerspitzengefühl ist es ihm gelungen, im Geiste der ehemaligen Küchenikone den Kult um ihre ehrliche Küche nicht nur aufrechtzuerhalten, sondern mit seinen sagenhaften Schnitzeln auch wieder Umsätze zu machen wie in den 1950er Jahren. Nach wie vor gibt es „nix aus der Tüte“. Auch das Interieur hat Olaf Wolf nicht verändert: die blank geputzten Holztische, die rustikalen Eckbänke und die Wandvertäfelung – alles wie früher, nur die Küche ist neu und das gesamte Team ist jung und extrem freundlich. Für unseren Geschmack fühlt sich Köln hier so richtig authentisch und sehr sympathisch an.

Bei Oma Kleinmann Adresse: Zülpicher Straße 9, Kwartier Latäng
Tel: 0049 (0)221 232346 Internet: www.beiomakleinmann.de
Öffnungszeiten: Dienstag – Sonntag 17.00 – 1.00 Uhr
(Küche 17.00 – 23.00 Uhr), Montag geschlossen

Ein Gespräch mit Olaf Wolf

Inhaber des Bei Oma Kleinmann

An der Wand hängen viele Fotos von Kindern mit Schultüten und Kommunionskerzen, gehören die zu Ihrer Familie?
(lacht) Nee, das sind Fotos von meinen Mitarbeitern – aber die sind ja auch fast wie eine Familie.

Welche Rolle spielt die Familie, wenn man ein Restaurant führt?
Für mich eine lebensnotwendige: Meine Frau macht den ganzen Schreibkrempel und meine Schwester hilft mir in der Küche – ohne sie wäre das Pensum nicht zu schaffen. Aber mir liegt generell viel an guter Teamarbeit.

Und wie schaffen Sie es mit Ihrem Team, dem Mythos „Oma Kleinmann“ gerecht zu werden?
Sie war immer auf das Wesentliche konzentriert und das sind wir auch.

Wie wichtig ist Ihnen Glamour?
(überlegt kurz und deutet lächelnd auf eine ausgestopfte Bergziege an der Wand) Die hat uns ein Gast geschenkt, das Tier kommt von derselben Farm, auf der James Dean „Giganten“ gedreht hat. Das ist mir eigentlich schon Glamour genug!

HEINZ
TOMATO

☞ Gaststätte Lommerzheim

Seit 1952 kommt man nach Deutz zu „Lommi“ vor allem, um die saftigen und großen Koteletts zu essen. Die Küche ist deftig und gut. Lommi hat die von Patina strotzende, kleine, versteckte Kneipe 1959 von seinen Eltern übernommen und gab ihr absoluten Kultcharakter. Das Kölner Unikum war schlagfertig, beliebt und improvisierte gern, zur Not schuf er Sitzplätze auf Telefonbüchern. Das ist längst vorbei, aber gemütlich ist es immer noch. Wenn Lommi „von oben“ einen Blick auf seine alte Wirkungsstätte werfen könnte, würde er sich freuen, dass sie seit 2008 wieder so richtig brodelt.

Adresse: Siegesstraße 18, Deutz, Tel: 0049 (0)221 814392
Öffnungszeiten: Mittwoch – Montag 11.00 – 14.30 Uhr und 16.30 – 24.00 Uhr, Dienstag geschlossen

LE MOISSONNIER

Wie ein Paris-Implantat wirkt die Jugendstil-Fassade des gehobenen französischen Restaurants auf der Krefelder Straße. Das Moissonnier ist kein Ort, an dem man beiläufig etwas Schönes isst. Die Gerichte werden von Küchenchef Eric Menchon als köstliche Attraktionen geradezu komponiert und ziehen dementsprechend alle Aufmerksamkeit auf sich. Wir geraten bei jedem Gang ins Schwärmen, spätestens beim Dessert – Millefeuille de fraises – sind wir im siebten Genießer-Himmel angekommen, der Sirup von gegrilltem Anis, die perfekte Konsistenz des Mascarpone, die Erdbeer-Waldmeister-Limonade. Wir wollen nicht mehr weg – und das scheint unseren Tischnachbarn auch so zu gehen, die sich, selig lächelnd, von Vincent Moissonnier verabschieden wie von einem Wohltäter: Stammgäste, die auf das Wochenmenü schwören wegen seiner Raffinesse und Aromenvielfalt.
Die attraktive Wandbemalung im Jugendstil wurde mit den Originalschablonen eines ehemaligen Kirchenmalers und Hausbewohners gearbeitet und wirkt wie ein stilvolles Kompliment. Seit zwanzig Jahren führt das Ehepaar Moissonnier dieses authentische Stückchen Frankreich mit so viel Würde und französischem Charme, dass man am liebsten alles bestellen möchte, was sie mit ihrem Akzent empfehlen. Très très bien.

Le Moissonnier Adresse: Krefelder Straße 25, Neustadt-Nord
Tel: 0049 (0)221 729479 Internet: www.lemoissonnier.de
Öffnungszeiten: Dienstag – Samstag 12.00 – 15.00 Uhr und 19.00 – 24.00 Uhr,
Sonntag und Montag geschlossen

BYRRH

L'IMPRIMERIE

L'Imprimerie ist ein französisches Restaurant in einer alten Druckerei und liegt etwas versteckt in einem malerischen Innenhof in Bayenthal. Der Weg lohnt sich, besonders für Menschen mit einer Leidenschaft für Fisch. Die Fischsuppe, mit einer fluffigen Käsehaube überbacken, ist absolut überzeugend und ein guter Einstieg – oder Sie wählen einen der tagesfrischen Fische mit Gemüse. Allein das Brot schmeckt so einmalig, dass wir nur davor warnen können, denn alle Gerichte sind großzügig und es wäre schade, nicht genug Platz dafür zu haben.

Die Belgierin Silvia Jutrin hat zusammen mit ihrem französischen Mann Gilles Berthier und dem Koch Massimo Toplicar eine französisch anmutende Oase mit Garten und Charakter gestaltet. Langjährige Gäste aus der gehobenen Nachbarschaft können sich hier auf kompromisslos gute Gerichte verlassen, die oft ohne strenges Rezept, aber mit Hartnäckigkeit in der Auswahl bester Zutaten entstehen.

Das Ehepaar Berthier muss Wochen auf Flohmärkten verbracht haben, um ihre Funde hier zusammenzutragen. Noch besser kämen die zum Teil wunderschönen Antiquitäten, wie die hängende Chrom-Uhr aus Brüssel und die Art-déco-Theke aus Frankreich, zur Geltung, wenn man die Räumlichkeiten insgesamt einer leichten „Deko-Diät“ unterzöge. Dennoch – die L'imprimerie gehört, im doppelten Wortsinn, zu den liebenswerten Köln-Evergreens.

L'Imprimerie Adresse: Cäsarstraße 58, Bayenthal Tel: 0049 (0)221 3481301
Öffnungszeiten: Dienstag – Freitag 12.00 – 15.30 Uhr und 18.30 – 1.00 Uhr
Samstag 18.30 – 1.00 Uhr, Sonntag und Montag geschlossen

Ein Gespräch mit Silvia Jutrin

Mitinhaberin der L'Imprimerie

Sie sind seit Mitte der 90er Jahre eine Art Geheimtipp, wie schaffen Sie das?
Wir vermeiden es, uns anzupassen!

Worauf beziehen Sie das?
Auf alles: Wir nehmen keine Kreditkarten, wir reservieren keine Tische und stellen keine getrennten Rechnungen aus – aber dafür gibt es auch keine gezüchteten Crevetten und keinen Pseudo-Pangasius-Fisch.

Sondern?
Alles immer frisch und qualitativ hochwertig – bei uns sind die Portionen auch nicht auf Kinderteller-Niveau geschrumpft.

Aber die Preise gestiegen?
Ja – Gutes hat eben seinen Preis und der ist besonders beim Fisch in die Höhe gegangen. Ich habe früher für das Kilo Steinbutt 20 Euro gezahlt und zahle jetzt 50 Euro.

Wissen Ihre Gäste die hohe Qualität zu schätzen?
Absolut! Unsere Gäste wissen genau, was sie hier bekommen und dazu gehört auch, dass wir altmodisch sind – aber eben altmodisch mit Herz!

„Madeleines"

12 Stück

Das Mehl mit der Hefe und dem Zucker vermischen. Die Butter schmelzen und kalt werden lassen und erst im abgekühlten Zustand unterrühren. Zwei Eier schaumig schlagen. Alles miteinander vermischen. Erst zum Schluss die geriebene Zitronenschale dazugeben, weil der Teig sonst zu bitter wird. Dann die Teigmasse in die Madeleine-Blechform füllen. Den Backofen auf 220 Grad vorheizen, nach etwa 13 Minuten sind die Madeleines fertig gebacken. Den Teig kann man übrigens drei Tage lang benutzen, er wird sogar vom Ruhen immer besser.

100 g Mehl
120 g Zucker
100 g geschmolzene Butter
½ TL Trockenhefe
¼ Zitronenschale
2 Eier
40 g Butter zum Einfetten

☞ Bagutta

Das Bagutta ist klein, gemütlich, angenehm herzlich – gänzlich ohne Tamtam und Bohei um die illustren Gäste aus Musik, Kunst, Medien und Nachbarschaft des „Kwartier Latängs“ – und wahrscheinlich auch deshalb so beliebt. Lassen Sie sich ruhig auf das köstliche Überraschungsmenü für 38 Euro ein, es enthält garantiert nichts, was dringend die Küche verlassen müsste, sondern wird, im Gegenteil, immer frisch zusammengestellt, um Sie in bester Absicht zu erfreuen. Ihre Weinwünsche erfüllt Sommelière und Geschäftsführerin Ursula Riemschneider treffsicher und umgehend. Eine Besonderheit sind die sehr zu empfehlenden Mitnehmgerichte in Weckgläsern wie zum Beispiel Kokos-Karotten-Suppe oder Lammcurry.

Adresse: Heinsbergstraße 20, Kwartier Latäng, Tel: 0049 (0)221 212694
Internet: www.bagutta.de, Öffnungszeiten: Mittwoch – Montag ab 18.00 Uhr, Dienstag geschlossen

eingemacht
Leckere Suppen,
Soßen & Eintöpfe!
zum mitnehmen!

VINTAGE

VINTAGE

Das Vintage ist untypisch für Köln, mit seiner schlichten Eleganz und Klasse passt es perfekt in das schöne Riphahn-Gebäude direkt gegenüber von Oper und Brücke-Museum. Hier kann man nichts verkehrt machen, weil die Chefin Claudia Stern offenbar alles richtig macht. Das Weinangebot ist unendlich groß. Eine gute Idee, die unzähligen Flaschen in flächendeckenden Wandregalen bis unter die Decke zu präsentieren. Als mehrfach ausgezeichnete Sommeliére kann Claudia Stern die potenzielle Reizüberflutung beim Anblick der rund 1000 Weine bestens zu den gewünschten Speisen sortieren. Ob Tafelspitz oder Hummer, es ist das passende Restaurant, um nach einem ausgiebigen Einkaufsbummel in der Ehrenstraße oder einem Besuch im Brücke-Museum den Abend gemütlich bei mediterraner Küche ausklingen zu lassen – wenn sich die Blicke des Tages schon auf Schönes eingestimmt haben und wenn einem die Traube im Glas genauso wichtig ist wie die gute Zutat auf dem Teller. Besonders schön sitzt man im Sommer draußen auf der halbrunden Terrasse, deren üppige Bepflanzung farblich auf das Tischleinen abgestimmt wird. Claudia Stern bildet zusammen mit ihrer Crew ein kompetentes Gastgeberteam; man kann sich voller Vertrauen in ihre Hände begeben und hat nichts zu bereuen.

Vintage Adresse: Hahnenstraße 37, Altstadt-Nord Tel: 0049 (0)221 920710 Internet: www.vintage.info Öffnungszeiten: Montag – Freitag 12.00 – 15.00 Uhr und 18.00 – 23.00 Uhr, Samstag 12.00 – 23.00 Uhr, Sonntag geschlossen

☞ Päffgen

Wenn Gäste aus fernen Kontinenten wie zum Beispiel Asiaten zum ersten Mal eine XXL-Schweinshaxe auf ihrem Teller sehen, erheitert das nicht nur immer wieder die humorvollen Köbesse. Schlagfertig servieren sie Köln-Klassiker wie Himmel und Erde, Kölschen Kaviar und Reibekuchen. Ob im Gastraum an massiven Hoztischen oder im lauschigen und gepflegten Innenhof mit Blick auf die Brauerei – hier ist es gemütlich. Bestellen Sie unbedingt das Päffgen, es gilt als Champagner unter den Kölner Bieren und schmeckt ausgezeichnet.

Adresse: Friesenstraße 64 – 66, Friesenviertel, Tel: 0049 (0)221 135461
Internet: www.paeffgen-koelsch.de, Öffnungszeiten: Sonntag – Donnerstag 10.00 – 24.00 Uhr, Freitag und Samstag 10.00 – 0.30 Uhr

BALI

Ins Bali geht man nicht nur ein paar Stufen hinunter in ein gemütliches Souterrain, sondern man betritt quasi eine andere Atmosphäre – absolut stressfrei, geradezu entschleunigt und dabei überaus wohlriechend. Schon allein der Duft von Basmatireis regt die Geschmacksnerven an und macht Appetit auf die indonesische Küche, die alle Genüsse Balis authentisch zubereitet. Es gibt Huhn, Poularde, Rindfleisch und Fisch in verschiedenen Variationen: frittierter Fisch in süß-saurer Sauce, Saté-Spieße in Erdnusssauce oder Tofu in Ingwersauce. Der Bestseller sind frittierte Auberginen in einer dunklen chilischarfen Sauce – zu der süßlich würzigen Schärfe schmeckt uns ein Ingwer-Limettentee sehr gut. Angenehmes Kerzenlicht fällt auf die dezent jadegrün geschlämmten Wände, die sparsam dekorierten Masken, Statuen und Gottheiten und das ansonsten vollkommen folklorefreie Interieur. Varuni Siauw brach ihr Kunststudium in Barcelona ab, um das Restaurant ihrer Großmutter nach deren Tod zu übernehmen. Sie hat schon als Kind im Bali geholfen; ihre selbstverständliche fröhliche Leichtigkeit scheint sich auf die gesamte Atmosphäre des Restaurants zu übertragen. Hierher möchte man immer wieder kommen.

Bali Adresse: Brüsseler Platz 2, Belgisches Viertel
Tel: 0049 (0)221 522914 Öffnungszeiten: Montag – Samstag 18.00 – 24.00 Uhr, Sonntag geschlossen

☞ Fisch Hof

Sie sind ein Freund des authentischen Sushi und können gut auf künstlich angelegte Tisch-Flüsse mit orchideengeschmückten, kreisenden Sushi-Booten verzichten? Dann sollten Sie unbedingt den Fisch Hof aufsuchen. Neben den japanischen Lebensmitteln und einer köstlichen Miso-Suppe gibt es ausschließlich Sushi: sechs verschiedene große und kleine Sushi-Platten, eine davon ist vegetarisch, oder Sie kombinieren selbst. Eine 1a-Sushi-Adresse im Belgischen Viertel.

Adresse: Brüsseler Straße 46, Belgisches Viertel, Tel: 0049 (0)221 5103433
Internet: www.fisch-hof.de, Öffnungszeiten: Montag – Samstag 11.00 – 23.00 Uhr, Sonn- und Feiertag 14.00 – 22.30 Uhr

Spargelwein
Florecilla 0,7l 15,90€
Spanien 2010

ALCAZAR

Es gibt Lieblingsgerichte, die schmecken einfach am besten aus Mutters Küche, dazu gehört beispielsweise Hühnerfrikassee. Achtung liebe Mütter, ihr müsst jetzt stark sein, denn im Alcazar gelingt dem Koch das Hühnerfrikassee so wie bei euch zu Hause. Mit Kapern, frischem Spargel, zartem Hühnerfleisch und der Zugabe von Zuckerschoten und Brokkoli sieht das manchmal doch eher blasse, beige-grünliche Frikassee auch noch besonders appetitlich aus. Das Alcazar ist mit seiner köstlichen Hausmannskost eine richtig gute Wahl für ein anständiges Mittagessen. Besonders zu empfehlen sind auch Königsberger Klopse, Matjes und Frankfurter Grüne Sauce.
Die Stimmung ist angenehm lebendig, ein Großteil der arbeitenden Nachbarschaft nimmt auf den gemütlichen, großen Holzeckbänken Platz, die per se für eine gute Kommunikation am Tisch sorgen, auch wenn man sich nicht kennt. Hier geht es gesellig zu und man fühlt sich spontan sehr wohl. Ein Blick auf die Wände lohnt sich, die Farbdesignerin Henrike Müller hat unzählige Schwarz-Weiß-Fotos mit Vierecken in Pastelltönen zu einer handgemalten, besonderen Tapete zusammengefügt, die inzwischen eine attraktive Patina hat. Überall stehen marktfrische Blumen auf den Tischen – einfach schön, das Alcazar.

Alcazar Adresse: Bismarckstraße 39a, Belg. Viertel Tel: 0049 (0)221 515733
Internet: www.alcazar-koeln.de Öffnungszeiten: Montag – Freitag
12.00 – 14.15 Uhr und 18.00 – 23.00 Uhr, Samstag 18.00 – 23.00 Uhr,
Sonntag 17.00 – 23.00 Uhr

chai

heilandt
KAFFEEMANUFAKTUR

CAFÉ HEILANDT

Dieses Café hat eine Mission, es will „geschmacklich Leben retten". Das ist ein hoher Anspruch, und die Macher der Kaffeemanufaktur tun alles, um ihm gerecht zu werden. Deshalb lassen sie ihren Kaffee nicht rösten, sondern rösten ihn selbst. Auch optisch hat das Straßencafé einen ganz eigenen Stil. Allein die Nierentische mit ihren bunt gemusterten Oberflächen erzeugen nostalgische Assoziationen: Capri, Sonne, Amalfi-Küste ... eigentlich fehlt nur noch die junge Sophia Loren, die in einem geblümten Kleid im Heilandt Platz nimmt, um ein Tässchen Kaffee zu trinken. Kaum zu glauben, dass die bunten, organisch geformten Hingucker-Tische früher mal in einem Polizeipräsidium in Karlsruhe standen. Die beiden Inhaber sind aber alles andere als verträumte Nostalgiker mit Hang zum trutschigen Kaffee-Kitsch-Ambiente. Im Gegenteil, das Café ist lichtdurchflutet, schlicht und modern. Auch die raumgreifende Röstmaschine sorgt für Atmosphäre. Ein Ausnahme-Café in Köln mit einem exzellenten Kaffeeangebot, das genauso gut in Berlin oder New York ein Erfolg wäre. Wer vorher sein Mittagessen im Alcazar genossen hat, kann sich in direkter Nachbarschaft auf höchsten Kaffeegenuss freuen.

Café Heilandt Adresse: Bismarckstraße 41, Belgisches Viertel
Tel: 0049 (0)221 56958322 Internet: www.heilandt.de
Öffnungszeiten: Montag – Freitag 8.30 – 19.00 Uhr,
Freitag und Samstag 10.00 – 18.00 Uhr

Es ist immer
zu früh
SAUFT
MEHR
KAFFEE!
DER HEILANDT

Ein Gespräch mit Moritz Eylandt

Inhaber des Café Heilandt

Wie kommt ein Produktionsleiter beim Fernsehen darauf, ein Café zu eröffnen?
(lächelt) Ich musste wohl zu viel schlechten Automatenkaffee trinken!

Was macht Ihrer Meinung nach die Qualität eines guten Kaffees aus?
Wir arbeiten mit zwei Kaffeehändlern, denen wir vertrauen – von denen kaufen wir Kaffee aus zum Beispiel Indien, Indonesien, Südamerika, Äthiopien, Sumatra und der Dominikanischen Republik.

Warum sollte man lieber hier im Heilandt Kaffee trinken anstatt bei den großen Kaffeeketten?
Wir machen genau das Gegenteil, wir verzichten auf künstliche Aromen und bieten trotzdem verschiedene Geschmacksrichtungen an: Die sind aber eben original und entsprechen den verschiedenen Herkunftsländern.

Gibt es noch einen Unterschied?
Wir rösten selbst und benutzen dafür die besten Maschinen.

Sprechen Sie eine bestimmte Zielgruppe an?
(deutet amüsiert auf ein Schild hinter der Theke mit der Aufschrift „Sauft mehr Kaffee“) Das ist eigentlich an der Zielgruppe vorbei – witzigerweise reagieren darauf aber immer besonders positiv die älteren Damen, die unseren Kaffee mögen. Unser Motto lautet eher: Kaffee ist weit mehr als morgendliche Gewohnheit – oder Wachmacher –, Kaffee kann schmecken. Und das sogar sehr variantenreich.

HAVE THEIR

SALON SCHMITZ

„Man will sich zeigen, in Kontakt kommen, flanieren und sich selbst präsentieren“, bringt es die Geschäftsführerin des Salon Schmitz auf den Punkt. Wunderbar sitzt man am späten Nachmittag mit Blick auf das städtische Treiben bei selbst gebranntem Schmitz Bitter, einem erfrischenden Likör mit Rhabarber, bei einem selbst gebrauten Bier oder dem Schmitz-eigenen Spritz. Geradezu magnetisch scheinen sich Künstler und Galeristen vom illustren Alleskönner-Salon angezogen zu fühlen. Der Inhaber Dirk Mecky ist selbst kunstaffin und trifft mit seinem Geschmack ein verwöhntes Publikum. Oft sind hintere Räume die Stiefkinder in Bars – nicht hier: An einer Seite macht sich eine Collage aus kleinen Kunstwerken zu erschwinglichen Preisen breit, an der anderen bildet raues Mauerwerk einen gelungenen Kontrast zu den biederen, altmodischen „Tante-Gertrud-Stehlampen“, die wiederum mit ihrem gemütlichen Licht genau die richtige Atmosphäre für tiefe Gespräche schaffen. Speisen müssen nebenan in der Schmitz-Metzgerei geholt werden. Das ist zwar nicht so schön – aber umwerfend schön ist dafür das üppig gekachelte Interieur mit der originalen Theke. Was früher eine ganz normale Metzgerei im Rotlichtmilieu war, hat sich zusammen mit dem benachbarten Salon Schmitz zum „Fashion-Hill“ des Belgischen Viertels erhoben.

Salon Schmitz Adresse: Aachener Straße 28, Belgisches Viertel
Tel: 0049 (0)221 1395577 Internet: www.salonschmitz.com
Öffnungszeiten: Sonntag – Donnerstag 9.00 Uhr – 1.00 Uhr,
Freitag und Samstag 9.00 Uhr – 3.00Uhr

ESPRESS

SCHMITZ
KÖLSCH

Ein Gespräch mit Natalie Repetun

Geschäftsführerin des Salon Schmitz

Was ist Dirk Meckys Gastronomie-Geheimnis?

Man kann es nicht Gastronomie nennen, es ist ein Gesamtkomplex, der mit Liebe geführt wird – alle Entscheidungen werden aus dem Bauch getroffen.

Wie erklären Sie sich ein offenbar so treffsicheres Bauchgefühl?

Dirk Mecky ist authentisch: Er kennt keine Zwänge und hat vor allem keine Angst – er erfüllt auch keine Erwartungen, sondern handelt aus seinem Inneren heraus, und das macht seinen Erfolg aus. Er hat über 1000 Mitarbeiter und auch noch das Café im Museum für Ostasiatische Kunst übernommen, das liegt direkt am Aachener Weiher. (Gerät ins Schwärmen) Wenn dort die Schwäne schwimmen, das ist so schön, da bekommt man fast Urlaubsgefühle ...

Woher kommt die Kunstliebe Ihres Chefs Dirk Mecky?

Das liegt in der Familie – seine beiden Brüder sind Künstler. Und er liebt eben Kunst und unterstützt sie großzügig.

Was haben Sie von seinem Stil gelernt?

Dass man die Kultur einer Stadt am besten durch die Menschen kennenlernt; dass freie Bestimmung zu großer Leistung führt; dass ein Bohemian Style sympathisch ist und ein gewisses Understatement auch.

☞ Hallmackenreuther

Würde man in Köln einen Film drehen, der eine coole, stilvolle 50er-Jahre-Bar benötigt, das Hallmackenreuther wäre die perfekte Location. Auf ehemaligen Eames-Messe-Sesseln nimmt man seine Drinks direkt vor der Bar mit Blick auf Kirche und Brüsseler Platz ein. Im Sommer öffnet sich eine gewaltig große Glastür und schafft eine luftige Verbindung zwischen Terrasse und Innenbereich. Ein ehemaliger Installationsbetrieb auf zwei Etagen lieferte die Basis für das Musterexemplar einer gelungenen Bar. Jedes Detail wurde konsequent und liebevoll ausgewählt: die Regale hinter der Bar, die Bar selbst, die Perlmuttleiste an der Bar, die Lochgipsdecke, die Lampen drinnen und draußen. Inmitten dieser Kulisse kann man gut Kölsch trinken und getrost „alt werden“, große Worte wechseln oder den ganz normalen, alltäglichen Wahnsinn besprechen.

Adresse: Brüsseler Platz 9, Belgisches Viertel, Tel: 0049 (0)221 517970
Öffnungszeiten: Täglich 11.00 – 1.00 Uhr

Hallmackenreuther

HERR RIESTER

Alle Schätze, die das „slowe Bio-Food-Herz" schneller pochen lassen, finden Sie hier: einen 15 Jahre alten Balsamico, der nur ganz schwer erhältlich ist, oder einen etwas jüngeren mit Apfel für 15,90 Euro. Viele hervorragende Chutneys aus einer Manufaktur, die eine besondere Ergänzung zu gegrilltem Käse sind und natürlich ideal zu zartem Fleisch passen. Jeder Inhalt der attraktiven Gläser, die Frau Riester für uns zum Probieren öffnet, schmeckt himmlisch: von der Karamellcreme über Orange-Ingwer, die pikante Pflaumensoße oder das selbst gemachte Tomatenketchup. Alle Produkte sind auch tolle Mitbringsel. Wissen Sie, wie die Blüten von Knoblauch, Bärlauch, Oregano, Basilikum, Rosmarin, Thymian, Ringelblumen, Rosenblüten und Kornblumen schmecken? – Verblüffend aromatisch. „Flowerpower" ist eine fertige Gewürzblütenzubereitung, die angeblich gute Laune macht. Den leisesten Hauch eines Zweifels wischt Frau Riester mit ihrem Fachwissen vom Tisch, denn die wirksamen sekundären Pflanzenstoffe befinden sich in den Bioblüten, und diese machen sich jetzt breit – Sie ahnen nicht wo – auf unserer Sahne! Zu köstlichstem, selbst gemachten Kuchen gibt es von Hand geschlagene Sahne, die unter dem bunten „Blütenstaub" zu der attraktivsten Sahne wird, die uns jemals auf der Kuchengabel erschienen ist.

Herr Riester Adresse: Maastrichter Straße 9, Belgisches Viertel
Tel: 0049 (0)221 99879509 Internet: www.herr-riester.de
Öffnungszeiten: Dienstag – Samstag 10.00 – 19.00 Uhr,
Sonntag und Montag geschlossen

herr RiEST
Der Laden für Geni
Kaperntap
von Löffelweise Lebensm

herr RiESTER
Der Laden für Genießer
Pflaumenmus
mit Rum verfeinert
von Löffelweise Lebensmittelmanufaktur

Ein Gespräch mit Brigitte Riester

Inhaberin des Herr Riester

Was hat Sie als Leiterin eines Konzerns für Homöopathie zu diesem Geschäft bewegt?

Wir hatten früher immer Kongresse, bei denen es um die Ursache von Krankheiten ging – alle Heilpraktiker waren sich einig, dass die Ursache überwiegend in der Ernährung liegt.

Und die wollten Sie verbessern?

Zunächst wurde ich Ernährungsberaterin und habe gemerkt, dass zu wenig vernünftige Lebensmittel angeboten werden; da lag es nahe, einen Bioladen zusammen mit meinem Mann zu eröffnen. (Scherzend) Allerdings habe ich zu meinem Mann gesagt, dass ich mich und unser Geschäft ästhetisch vom Öko-Klischee absetzen möchte.

Das ist Ihnen doch auch bestens gelungen!

Danke! Hier geht es meinem Mann und mir auch noch um etwas anderes. Wir führen ein besonderes Sortiment und bieten eine Verbindung zwischen Bio- und Slow-Food an. Außerdem arbeiten wir mit einem Institut zusammen, dass uns auf Basis eines Speicheltests eine gute Analyse gibt, wie wir Menschen mit konkreten gesundheitlichen Problemen in puncto Ernährung wirksam helfen können. Das ist eine sehr befriedigende Arbeit!

☞ Bärendreck-Apotheke

Man liebt es oder man hasst es: Lakritz. Für Liebhaber haben wir sozusagen einen Pilgerort gefunden. Hier gibt es nicht nur das Original-Lakritz, sondern hier ist einfach alles aus Lakritz. Alles, das sind circa 600 Artikel aus 18 Nationen. In zig Schächtelchen, Dosen, Tüten und Kartonagen präsentiert sich hier der so genannte Bärendreck in sämtlichen Varianten: von sehr gut schmeckenden Lakritzkugeln, die mit Schokolade überzogen sind, über kroatische Lakritztoffees, Wasserpfeifentabak mit Lakritzaroma aus Ägypten bis hin zu Lakritzsirup, Lakritzessig und sogar Lakritzshampoo. Im Stile eines Tante-Emma-Ladens haben Marie-Nicole Di Renzo und Sascha Eversberg – selbst eher Heavy Metal als Tante Emma – eine liebevolle und originelle Ausnahme-Adresse kreiert. Selbst Nicht-Lakritz-Fans geraten hier ins Staunen.

Adresse: Richard-Wagner-Straße 1, Altstadt-Süd, Tel: 0049 (0)221 3559954
Internet: www.baerendreck-apotheke.de
Öffnungszeiten: Dienstag – Freitag 12.00 – 18.30 Uhr,
Samstag 12.00 – 16.30 Uhr, Sonntag geschlossen

SMART
TRAVELLING

GUT ZU WISSEN

Köln ist groß – darum ist dieser Infoteil so klein. Hier erfahren Sie nicht alles und jedes, sondern genau das, was Sie für ein perfektes Wochenende brauchen. Wenige, aber genau die richtigen Informationen: Wissenswertes über die kölsche Lebensart, eine kleine subjektive Auswahl an Sehenswürdigkeiten, Spaziergängen und Tipps für Ausflüge. Dazu einen Stadtplan mit all unseren Lieblingsadressen, damit Sie nicht lange suchen müssen, sondern gleich anfangen können Köln zu genießen.

DIE TOP 10

1. Kölner Dom
2. Kolumba Diözesanmuseum
3. Bruder-Klaus-Feldkapelle
4. Museum Ludwig
5. Kölner Philharmonie
6. Rautenstrauch-Joest-Museum
7. Wallraf-Richartz-Museum
8. Rheinauhafen
9. Skulpturenpark
10. Museum für Ostasiatische Kunst

1. Kölner Dom

Besuchen Sie den Dom! Der ultimative Köln-Klassiker wirkt wie ein Wellness-Aufenthalt für die Seele. Die bunten Fenster von Gerhard Richter im südlichen Querhaus sind seit 2007 ein zusätzlicher Anreiz. Der Kardinal war zunächst gegen die morderne Verglasung, deren 11.263 Farbquadrate aus 72 Farbtönen wie ein grafischer Lichterteppich wirken. Vielleicht auch, weil das Licht, das vormittags sehr eindrucksvoll in allen Spektralfarben ins Dominnere fällt, dabei auch auf sein eigentlich weißes Messgewand trifft. Unumstritten ist die Wirkung der zu 95 Prozent original erhaltenen Königsfenster, die das himmlische Jerusalem darstellen. Der Dreikönigsschrein gilt als Hauptattraktion der Kathedrale, er wurde von rheinisch-maasländischen Goldschmieden in mehr als 40 Jahren wie eine dreischiffige Kirche gestaltet und enthält die sterblichen Überreste der Märtyrer Felix, Nabor und des heiligen Gregor. Die Überführung der Gebeine 1164 gab den Anstoß für das gotische Bauwerk: Hier sollten Pilger ausreichend Platz haben. Das war mehr als weitsichtig, denn inzwischen kommen jährlich 6 Millionen Besucher in den Dom, um das größte Reliquiar Europas zu besichtigen. In unmittelbarer Nähe der Kathedrale kann einem aufgrund des innerstädtischen Gewusels leicht unbehaglich werden – ein majestätischer Bau wie der Dom hätte definitiv mehr Platz um sich herum verdient.

Domkloster 3, Köln-City
Tel: 0049 (0)221 92584720
www.domforum.de
Montag – Freitag 10.00 – 18.30 Uhr,
Samstag 10.00 – 17.00 Uhr,
Sonntag 13.00 – 17.00 Uhr

Kölner Dom
www.koelner-dom.de
November – April:
Montag – Sonntag 6.00 – 19.30 Uhr
Mai – Oktober:
Montag – Sonntag 6.00 – 21.00 Uhr

2. Kolumba Diözesanmuseum

Schon allein das Gebäude muss man einfach gesehen haben. In den Neubau von 2007 integrierte der Stararchitekt Peter Zumthor die romanischen Ruinen, auf deren attraktive Grundmauern er kontrastreich aufbaute. Außen wie Innen gilt: Altes und Neues gemischt, wirklich tolle, internationale, neue Kunst. Im September wechseln die Ausstellungen im Jahrestakt.

Kolumbastraße 4, Köln-City
Tel: 0049 (0)221 9331930
www.kolumba.de
Mittwoch – Montag 12.00 – 17.00 Uhr

3. Bruder-Klaus-Feldkapelle, Wachendorf/Eifel

Für diesen Ort gilt: Das Ziel ist das Ziel. Nach einer Stunde Fahrt und zehn Minuten Fußweg durch die Natur steht man vor einem zwölf Meter hohen Betonturm inmitten idyllischer Eifellandschaft. Einzig ein zartes Kreuz über der dreieckigen, schweren Eingangstür aus Stahl weist darauf hin, dass es sich hierbei um einen heiligen Ort handelt. Im Inneren verschlägt es einem die Sprache. So etwas hat man noch nie gesehen! Baumstämme sind spitz nach oben zulaufend wie ein Zelt zusammengestellt. Aus dem Holz funkeln 300 Glashalbkugeln wie Sterne im Universum. Ein unprätentiöser spiritueller Ort, an dem man sich in Demut und Andacht mit der universellen Unendlichkeit verbinden kann; an dem sich die eigene Endlichkeit – trotz oder wegen der Dunkelheit – ins rechte Licht relativiert. Nur von oben fallen Tageslicht und Luft durch das offene Dach, genauso wie Regen; das ist beabsichtigt, denn hier geht es auch um die vier Elemente: Feuer, Wasser, Erde, Luft.

Landwirt Scheidtweiler wollte dem Heiligen Nikolaus von Flüe eine Kapelle stiften und sprach den Stararchitekten Peter Zumthor an. Dessen Mutter war ebenfalls eine Verehrerin von „Bruder Klaus", dem Schutzpatron der katholischen Landjugendbewegung. Zumthor stimmte zu, konzipierte und baute sogar mit – nichts davon stellte er in Rechnung. Das monolithische Gebäude, gebaut mit Materialien aus der Umgebung, ist in seiner Schlichtheit spektakulär und zieht inzwischen viele Touristen an. Wenn Sie lieber die Magie des Raumes für sich allein erspüren wollen, dann kommen Sie am besten sehr früh morgens. Gemessen an dem potenziellen spirituellen Erlebnis, das Sie hier erwartet, verkürzt sich der Weg zum Katzensprung.

Wachendorf, Mechernich
www.feldkapelle.de
im Winter: Sonntag – Samstag 10.00 – 16.00 Uhr, im Sommer: 10.00 – 17.00 Uhr, Montag geschlossen

4. Museum Ludwig

Die Adresse für moderne, zeitgenössische und Medien-Kunst – benannt nach dem Mäzenehepaar Peter und Irene Ludwig. Dank ihrer Sammelleidenschaft, Expertise und Großzügigkeit können Sie hier die drittgrößte Picasso-Sammlung der Welt bewundern, amerikanische Pop Art und Kunst der russischen Avantgarde. Auch die Bilder von Max Beckmann, Paul Klee, Oskar Kokoschka und Henri Matisse sind Weltklasse. Das „Hahnenkamm-Dach" symbolisiert die Wellen des Rheins. Hier ließe sich nicht nur spielend leicht ein ganzer Tag in Kunstbetrachtung verbringen, sondern auch ein Abend mit höchstem Musikgenuss. Die Philharmonie ist im selben Gebäude untergebracht wie das Museum und ein absolutes Highlight der Stadt.

Heinrich-Böll-Platz, Martinsviertel
Tel: 0049 (0)221 22126165
www.museum-ludwig.de
Dienstag – Sonntag 10.00 – 18.00 Uhr, jeden ersten Donnerstag im Monat 10.00 – 22.00 Uhr, Montag geschlossen

5. Kölner Philharmonie

Wenn Sie sich allumfassend von der Muse küssen lassen wollen, dann ergänzen Sie Ihren Museum-Ludwig-Besuch mit einem Konzert. Nicht nur die Akustik, sondern auch die breite Angebotspalette von Jazz über Folk, Pop und selbstverständlich Klassik ist sensationell.

Bischofsgartenstr. 1, Martinsviertel
Tel: 0049 (0)221 204080
www.koelnerphilharmonie.de

6. Rautenstrauch-Joest-Museum

Hier legen Sie am besten mal den „passiven Konsumenten-Hut" ab und streifen sich die „aktive Erlebnis-Mütze" über. So macht Völkerkunde richtig Spaß: In diesen unglaublich geschmackvollen und fantastischen Erlebniswelten die Geschichte Asiens, Afrikas, Nord-, Süd- und Mittelamerikas zu begreifen, fühlt sich an wie ein aufregendes und inspirierendes Abenteuer. Großartig!

Cäcilienstraße 29 – 33, Cäcilienviertel
Tel: 0049 (0)221 22123620

www.museenkoeln.de/rjm/
Dienstag, Mittwoch, Freitag, Sonntag 10.00 – 18.00 Uhr, Donnerstag 10.00 – 20.00 Uhr, 1. Donnerstag im Monat 10.00 – 22.00 Uhr (außer an Feiertagen), Montag geschlossen

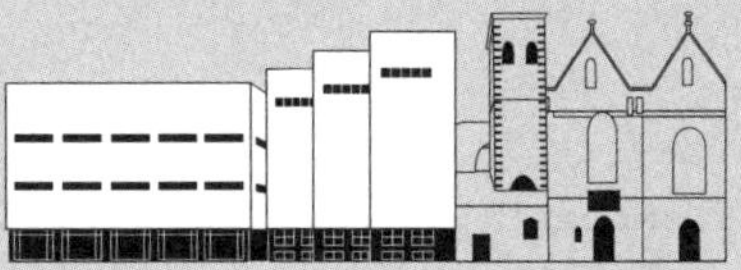

7. Wallraf-Richartz-Museum

Das ist ein guter Grund, die Altstadt aufzusuchen: alte Kunst auf sehr hohem Niveau, Zeichnungen von da Vinci, Raffael, Dürer und Rembrandt, im modernen Kubus-Bau. Das Highlight ist das Altersselbstbildnis von Rembrandt – Sie erkennen es an der Menschentraube davor. Aber auch die Skulpturen von Renoir, Rodin und Degas schmeicheln dem Auge. Darin waren ja eigentlich die Impressionisten Meister; deren Arbeiten können Sie in der angeschlossenen Fondation Corboud bewundern.

Obenmarspforten 3, Köln-City
Tel: 0049 (0)221 22127694
www.wallraf.museum
Dienstag – Sonntag 10.00 – 18.00 Uhr, Donnerstag 10.00 – 21.00 Uhr, Feiertage 10.00 – 18.00 Uhr, Montag geschlossen

8. Rheinauhafen

Der Rheinauhafen hat es nicht nur zum Status eines neuen Kölner Veedels gebracht, sondern die Kölner sind auch richtig stolz auf ihre imposante Flaniermeile. Nehmen Sie sich ruhig ein wenig Zeit und lassen Sie die moderne Architektur bei einem Spaziergang auf sich wirken. „Transformation“ sowie „Verbindung von Alt und Neu“ waren die Themenvorgaben, nach denen das Architekturbüro BRT (Bothe Richter Teherani) den alten Hafengelände-Komplex entwickelte und gestaltete. Die äußerst gelungenen modernen Bauten der Geschäfts- und Wohnarchitektur nennen sich zum Beispiel rhein3, home4 oder Baufeld 21. Sehenswert sind auch die alten Zollhallen, das KAP am Südkai und die Kranhäuser. Stellen Sie sich auch manchmal die Frage: „Was hat der Architekt sich denn dabei gedacht?“ Bei der Wohnwerft Rheinauhafen ließen sich die Architekten Oxen + Römer und Partner von den Containerschiffen mit ihren Ladungen inspirieren. So entstand eine 176 Meter breite, imposante Glasfassade, hinter der sich luxuriöse Wohnungen mit 1a-Rheinblick befinden. Zwischen Severins- und Südbrücke profiliert sich Köln mit der neuen, attraktiven Rhein-Kulisse auf internationalem Niveau.

www.rheinauhafen-koeln.de

9. Skulpturenpark

Wer die kontemplative Ruhe im Grünen sucht und sich währenddessen an skulpturaler Kunst erfreuen möchte, dem empfehlen wir einen Bummel durch den 25.000 Quadratmeter großen Skulpturenpark. Bei freiem Eintritt lassen sich hier circa 35 Arbeiten renommierter Künstler bewundern, die alle zwei Jahre gegen neue Skulpturen ausgewechselt und zu einem Ensemble angeordnet werden. Darunter bisher unter anderem: Rosemarie Trockel, Martin Kippenberger, Jenny Holzer, Jörg Immendorf, Markus Lüpertz, Peter Fischli und David Weiss. Eine tolle Initiative, die auf das inzwischen verstorbene Sammlerehepaar Eleonore und Michael Stoffel zurückgeht.

Elsa-Brändström-Str. 9 oder
Riehlerstraße/Zoobrücke,
Gerichtsviertel
Tel: 0049 (0)221 3366886
www.skulpturenparkkoeln.de
Täglich April – September
10.30 – 19.00 Uhr,
Oktober – März 10.30 – 17.00 Uhr

10. Museum für Ostasiatische Kunst

Hier erwartet Sie eine ständige Ausstellung mit bemerkenswerten und scheinbar zeitlosen Stücken aus China, Japan und Korea: ostasiatische Keramik, japanische Stellschirme, Lackarbeiten, Farbholzschnitte und buddhistische Malerei. Stärken Sie sich zwischendurch im atmosphärischen Café, das vom Kölner Szene-Gastronomie-Könner Mecky betrieben wird. Trinken Sie einen Tee und lassen Sie den fernöstlichen Zauber auf alle Sinne wirken.

Universitätsstraße 100,
Aachener Weiher
Tel: 0049 (0)221 28608
www.museenkoeln.de
Dienstag – Sonntag 11.00 – 17.00 Uhr,
Montag 11.00 – 22.00 Uhr, jeden
ersten Donnerstag 11.00 – 22.00 Uhr

Köln ist nicht nur eine gute Kunstadresse, sondern auch ein internationaler Kunsthandelsplatz. Hier wurde quasi der Kunstmarkt erfunden, aus dem heraus die älteste Kunstmesse der Welt entstand, die Art Cologne. Auch der Kunstherbst Köln mit dem DC OPEN – ein gemeinsames Galerienwochenende der beiden Rheinstädte Köln und Düsseldorf –, die Cologne Fine Art & Antiques und die ART.FAIR 21 mit junger Kunst ziehen jährlich ein spannendes, internationales Publikum an. Seit Ende der 1960er Jahre prägt eine aktive Galerieszene das Kölner Profil. Dennoch gibt es keine dichte Galerienmeile; die interessantesten Galerien verteilen sich in der Südstadt, rund um die St.-Apern-Straße in der Nähe des Rudolfplatzes und im Belgischen Viertel. Ein besucherfreundlicher Trend geht dahin, mehrere Galerien unter einem Dach zu beherbergen wie das ADS1A, das Galerienhaus im Norden, oder das Forum für Fotografie und Kunst in der Schönhauser Straße. Wir haben eine spezielle Auswahl an Galerien getroffen, für deren Präsenz wir Köln noch mehr schätzen:

www.art-fair.de
www.cofaa.de
www.artcologne.de

Galerien

Waren Sie schon einmal in einer Mietgalerie? Nein? – Keine Angst, hier sieht man keine Collies in Aquarell von Mutti. Das bemerkenswerte Konzept, das hinter der Temporary Gallery Cologne auf dem Mauritiuswall 35 steht, sieht vor, dass ausländische Galeristen die Räumlichkeiten mieten können, um so den Kölner Markt mit internationalen, hochrangigen Kunstprojekten zu bereichern. Dafür ist Thomas Rehbein verantwortlich, dessen eigene Galerie unter seinem Namen in der Aachener Straße 5 junge, zeitgenössische Positionen mit Arbeiten von Künstlern aus den 60er und 70er Jahren sehr spannend verzahnt. Zu den absoluten „Big Names“ zählen die Galerie Daniel Buchholz in der Neven-DuMont-Straße 17 mit der zurzeit angesagtesten Künstlerin auf dem internationalen Markt: Isa Genzken. Die hochkarätige Galerie Gisela Capitain in der St.-Apern-Straße 20 vertritt unter anderem Martin Kippenberger. Andy Warhol und Nobuyoshi Araki sehen Sie in der Jablonka Galerie in der Lindenstraße 19. Die führende Fotogalerie ist die Galerie Thomas Zander in der Schönhauser Straße 8. Diango Hernández begeistert mit seinen sehr gefragten Installationen, einer Mischung aus Foto und Video, in der Galerie Michael Wiesehöfer, Schönhauser Straße 8. Russische Konzeptkunst und Arte Povera von Jannis Kounellis und Pavel Pepperstein gibt es in der Kewenig Galerie, Appellhofplatz 21. Die Galerie Susanne Zander in der Antwerpener Straße 1 beschäftigt sich mit Art Brut, sie zeigt die internationalen Stars gesellschaftlicher Außenseiter und psychisch Kranker aus Frankreich, Deutschland und den USA. In der Drususgasse 1 beherbergt die Galerie Karsten Greve neben Louise Bourgeois und Lucio Fontana wichtige Vertreter der französischen und italienischen klassischen Moderne. Die jungen „Hot Shots" frisch von der Akademie zeigen sich in der Galerie Marion Scharmann, Schaafenstraße 10.

www.koelngalerien.de

ARCHITEKTUR

Was gilt für die schöne Mona Lisa und den majestätischen Kölner Dom gleichermaßen? Die Mona Lisa scheint einen immer anzusehen, egal aus welcher Perspektive man sie betrachtet und das Profil des Doms mit seinen beiden Türmen kann man aus sämtlichen Ecken Kölns unverbaut sehen. Das ist städtebaulich in Stein gemeißelt. Ansonsten präsentiert sich Köln mit seinen Nachkriegsbauten immer noch als offene Architekturwunde. Wie ein Trostpflaster aus der „Römer-Apotheke" wirken dagegen die gut erhaltenen Fragmente der alten Stadtmauer, die Eigelsteintorburg, die Hahnentorburg und das Severinstor. Neue Glanzpunkte setzen das neue Ensemble des Rheinauhafens und das Diözesanmuseum aus der Hand des Stararchitekten Zumthor sowie die wenigen architektonischen

Leckerbissen des Visionärs und Architekten Wilhelm Riphahn.

Wilhelm Riphahn (1889 – 1963)

Das im Krieg stark zerstörte Köln wurde nicht immer zur architektonischen Freude wieder aufgebaut. Eine rühmliche Ausnahme sind die Bauten des Architekten Wilhelm Riphahn. Sein Ensemble am Offenbachplatz aus den ausklingenden 1950er Jahren, bestehend aus Opernhaus, Opernterrassen und Schauspielhaus, ist nicht nur schön und schlicht, sondern nachhaltig gelungen. Er dachte weniger an sich und sein kreatives Ego als vielmehr an die Benutzer und deren Bedürfnisse. Das erkennt man auch an seiner Siedlung in Köln-Buchforst von 1930, die Riphahn für die weniger Betuchten errichtete. Ihrer strahlenden Fassaden wegen wird sie „Weiße Stadt" genannt. Auch der Kirche St. Canisius hat der Architekt ein Bauhaus-Gesicht verpasst. Das runde Restaurant Bastei am Rhein, 1924 am Konrad-Adenauer-Ufer gebaut, war seiner Zeit ästhetisch um Längen voraus. Riphahn hat es seinem Ruf als stark umstrittenem Nachkriegsarchitekten zum Trotz geschafft – ein Großteil seiner Gebäude steht inzwischen unter Denkmalschutz.

KÖLNER VIERTEL

... oder Veedel, wie man auf Kölsch sagt. Ähnlich wie in Berlin ist das Wohnen in bestimmten Vierteln hier kein Zufall, sondern ein Statement – eine Haltung zum Leben oder eine Frage des Geldes und des Alters. Das Agnesviertel ist ähnlich wie der Prenzlauer Berg in Berlin ein junger, lebendiger Szeneort mit kleineren alternativen Geschäften und vielen Nationalitäten, deren Einfluss auch die bunte Café- und Kneipenszene prägt. Zu den mondänen Orten zählen Marienburg und Hahnwald, nicht zu verwechseln mit den Schickimicki-Hochburgen Klettenberg und Lindenthal.

Die ehemaligen Industriestandorte Mülheim und Kalk (in Adenauers Wahrnehmung: „Vororte Sibiriens“) etablierten sich zu Eventstandorten mit inzwischen legendären Techno-Tanzflächen im E-Werk und Palladium. Das Kwartier Latäng gilt als Studentenviertel, auch wenn die gemütliche Restaurantszene durchaus ältere Semester an Theken, Tische und Teller lockt.

Die Südstadt feierte sich in den 70ern als ausgelassene Studentenhochburg, in die es auch viele Künstler zog. Jetzt tobt hier der „Ex-Bär“ vor allem im Karnevals-Pelz. Der Chlodwigplatz mit der mittelalterlichen Severinstorburg ist das Zentrum der Südstadt, hier kann man gut ins Brauhaus Früh gehen, um anschließend seine Kalorien im fußläufig erreichbaren Volksgarten wegzuwalken. Die Strahlkraft des neuen Juwels, des Rheinauhafens, ist allerdings so groß, als wolle er sein neues Licht auf die gesamte Südstadt werfen. Die etwas laute, allzeit feierbereite Altstadt erlebt man, wenn man es mag, im Vringsveedel.

Uns hat es immer wieder ins Belgische Viertel gezogen. Das hat viele Gründe: die schönen großen Jugendstil- und Gründerzeit-Häuser, die belebte Aachener Straße mit den köstlichen ofenfrischen Croissants und Quiches in der Metzgerei Schmitz oder den saftigen Burgern der Beef Brothers, die modernen Galerien, wie die von Thomas Rehbein, die neben dem volkstümlichen Millowitsch-Theater zu Hause ist, und direkt gegenüber das Theater im Bauturm mit seinen zeitkritischen Inszenierungen. Hier reihen sich Straßencafés an Bars, an Snacks, an Büdchen, es gibt viele kleine interessante Geschäfte mit kreativen Konzepten und gute Restaurants rund um den Brüsseler Platz, auf dem sich mediterranes Chillen bis in die tiefe Nacht ziehen kann. Hier macht es Spaß, sich einfach mal treiben zu lassen – von 11 Uhr morgens bis ultimo.

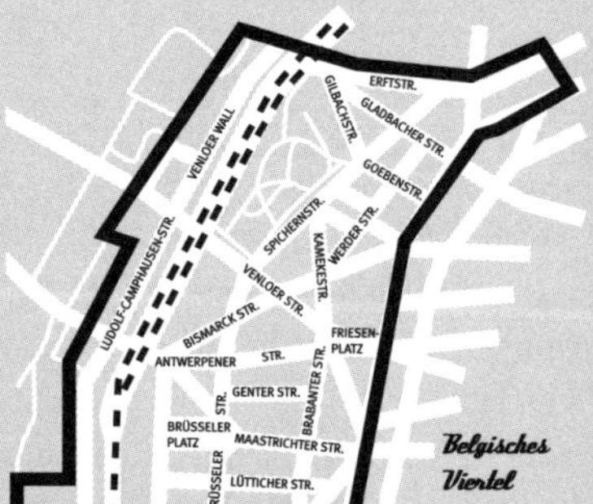

Wenn Shopping, dann in der Neustadt: Abgesehen von den üblichen City-Einkaufsstraßen finden sich die großen Filialen, wichtigen Modelabels und Designer wie Monika Esser in der Ehrenstraße. Die Nummer-1-Adresse für internationales Publikum ist Città di Bologna in der Flandrischen Straße 4.

Das Apropos – The Concept Store Cöln in der Mittelstraße gehört zu den ultimativen High-End-Mode-Repräsentanzen und muss keinen internationalen Vergleich scheuen. Sehnsuchts-Label-Schuhe flutschen am besten bei Herkenrath in der Minoritenstraße 11 in die Lacktüte.

Grundsätzlich gibt es aber nur wenig Käufliches, das ausschließlich in Köln zu finden ist, wie zum Beispiel die unzähligen Gummiartikel bei Gummi Grün, einem liebenswerten Original, das fast alles bietet, was aus Gummi gefertigt wird. Schallplattenliebhaber pilgern zu Kompakt in der Werderstraße – in diesem einzigartigen Vinyl-Tempel treffen sich interessante Menschen aus aller Welt. Kunstfreunde freuen sich in der Buchhandlung König über das gut sortierte moderne Antiquariat.

Wirklich legendär, vorzüglich und begehrenswert als weltweites Hotel-Brot ist das Adenauer-Schwarzbrot nach Originalrezept aus der Bäckerei Balkhausen in der Apostelnstraße 27.

Wir haben weitere Höhepunkte für Sie festgehalten:

Jürgen Eifler

Geschäften wie diesen wünschen wir Denkmalschutz. Museumsreif beherbergt das schöne Ladenlokal Hüte, Kappen und Mützen in alten Holzregalen. Antiquarische Stiche und Werkzeuge dokumentieren die aufwendige Herstellung einer perfekten Kopfbedeckung. In diesem nostalgischen Atelier werden Mützen und Hüte nach Maß gefertigt. Aus einer der letzten Hutfilzfabriken kommen Stoffe und Hutfilze in kleinen Stückzahlen. Jürgen Eifler ist der Hut- und Mützenmacher der deutschen Prominenz.

Friesenwall 102a, Belgisches Viertel
Tel: 0049 (0)221 254535

www.hut-classic.com
Montag – Freitag 11.00 – 18.00 Uhr,
Samstag 11.00 – 16.00 Uhr

Heimat

Eine Boutique, die deshalb Heimat heißt, weil sie Ihren Träumen eine Heimat sein möchte. Das spezielle High-End-Designer-Konzept mit eigener Philosophie fühlt sich gut an und sieht gut aus. Die sechs Designer mit fünf Damenkollektionen und drei Herrenkollektionen erwecken auf jeden Fall sofortige Konsumwünsche.

Mauritiuswall 76 – 78,
Mauritiusviertel
Tel: 0049 (0)221 9461172
www.heimat-koeln.de
Montag – Freitag 11.00 – 19.00 Uhr,
Samstag 11.00 – 18.00 Uhr

HvE
HERR VON EDEN
SINCE 1998

Herr von Eden

Den begehrten Kult-Designer aus Hamburg gibt es auch in Köln. Seine Geschäfte sind cool und schlicht, genau wie seine Anzüge. Berühmter Liebhaber der eleganten retro-inspirierten Anzüge, die nicht in Banken gehören, sondern in Liebesfilme, ist Jan Delay. Okay: Auf Bühnen sehen sie auch unverschämt sexy aus.

Antwerpener Straße 6 – 12,
Belgisches Viertel
Tel: 0049 (0)221 5892149
www.herrvoneden.com
Montag – Freitag 11.00 – 20.00 Uhr,
Samstag 10.00 – 18.00 Uhr

Taha

Wenn Sie auch im Winter leichte Kleider tragen wollen und Ihnen für „drunter" ein warmes Unterkleid aus Lama und Seide fehlt, bekommen Sie es bei Taha. Im hauseigenen Atelier werden Unikate angefertigt und Sonderwünsche erfüllt, von Bademode über Mieder bis Korsagen. Besondere Attraktionen sind Burlesque-Shows, die das Ehepaar Taha regelmäßig in seinen Verkaufsräumen veranstaltet.

Venloer Straße 1 – 3
Tel: 0049 (0)221 16866664
www.tahamode.de
Montag – Freitag 10.30 – 19.30 Uhr,
Samstag 11.00 – 18.00 Uhr

Trödelmärkte

Der archaische Rest-Jäger und rudimentäre Rest-Sammler in uns muss bei stetig expandierendem Online-

Kaufangebot ja eigentlich gar nicht mehr vor die Tür, um Beute zu erlegen. Er tut es aber trotzdem. Trödelmärkte sind optimale Jagdreviere, um Einzigartiges zu schießen. Der Kölner scheint sie besonders zu lieben und zu zelebrieren. Mehr als in anderen deutschen Städten sind Cafés, Bars und Restaurants mit den liebenswerten Zeitzeugen vergangener Wohn- und Lebensgewohnheiten bestückt.
Keine Angst – die zu Tischen umfunktionierten Nähmaschinen sind verschwunden. Die attraktiven Trödelmärkte präsentieren sich auf dem Wilhelmplatz, am Südstadion und an der Pferderennbahn. Ein mehrtägiger Flohmarkt findet im Frühjahr und Herbst auf dem Neumarkt statt. Etwas gehobenere Antikmärkte breiten ihre Auslagen auch in den Opernpassagen, den WDR-Arkaden und im DuMont-Carré aus.

www.rhein-antik.de
www.altefeuerwachekoeln.de

KULINARISCHES

Köln kann auf eine jahrhundertelange Tradition zurückblicken, was die Fabrikation von Süßwaren betrifft. Im Winter macht sich die Printe als rheinisches Weihnachtsgebäck erst in den Geschäftsregalen breit und schließlich unter den geschmückten Christbäumen. Besonders präsent in Köln – und das zu jeder Jahreszeit – sind die deftigen Speisen, die man in den alten, rustikalen Brauhäusern bekommt und auch unbedingt probieren sollte. Reibekuchen gibt es immer und überall, sie werden traditionell mit Apfelmus gereicht oder mit Rübenkraut bestrichen. Mit der Zugabe von Lachs, Creme fraîche und Meerrettich ist dem „Rievkooche" sogar der soziale Aufstieg gelungen. Befreit von jeglichem Standesdünkel ist der Sauerbraten. Quer durch alle Schichten war er jahrzehntelang der rheinische Sonntagsbraten. Eine Marinade aus Weinessig, Zwiebeln, Lauch, Nelken, Lorbeerblättern, Wacholderbeeren, Pfeffer und Wasser verleiht ihm nicht nur den säuerlichen Geschmack, sondern sorgt auch für seine zarte Konsistenz. Tagelang nimmt das Rind- oder Pferdefleisch die Aromen in sich auf. Die Süße von Rosinen, Rübenkraut und

Lebkuchen komplettiert die einzigartige Note. Eine absolute Delikatesse auch für Nicht-Rheinländer.

Kulinarisches Lexikon

Ätzesuppe..........kräftige Erbsensuppe
Brodääpel........................Bratkartoffeln
Brodwoosch............................Bratwurst
Flönz..Blutwurst
Halve Hahn................Roggenbrötchen mit mittelaltem Goudakäse, Zwiebeln und Senf
Hämmche.....................................Eisbein
Himmel und Äd............gekochte Äpfel als Kompott (Himmel), Kartoffelpüree (Erde) und gebratene Blutwurst
Jemös...Gemüse
Kölsche Kaviar...............Butterbrot mit Blutwurst und Senf
Quallmänner..................Pellkartoffeln
Rievkooche.........................Reibekuchen
Speckpannekooche.....................Pfannkuchen mit Schinkenspeck
Suurbrode.............................Sauerbraten

BRAUEREIEN UND BRAUHÄUSER

Die Kölner lieben es deftig, und dazu schmeckt ihnen ein Kölsch am besten. Nach einer Konvention von 1986 darf das blonde Bier nur hier und in Kölns Umgebung gebraut werden. Seit 1997 gilt es als Regionalspezialität, ähnlich wie Bordeaux, Chianti und Champagner. In der Domstadt existieren mehr Brauereien als in jeder anderen deutschen Stadt. Wir haben für Sie eine Auswahl nach Stadtteilen getroffen, wo Sie zünftig und gemütlich essen, sitzen und trinken können. Dabei kommen Sie zwar dem ursprünglichen Kölle sehr nahe, aber auch einigen Touristen.

Früh
KÖLSCH

Brauhaus Früh in der Südstadt

Das alte Brauhaus sieht aus wie vor 100 Jahren, klein und alt, direkt am alten Stadtgemäuer am Chlodwigplatz. Bestellen Sie die Flammkuchen mit Speck und Lauch, die Reibekuchen oder die Haxenpfanne und erleben Sie Brauhausstimmung pur. Das heißt auch, dass es sehr voll werden kann in den schmalen Räumlichkeiten. Draußen gibt es nur wenige, begehrte Plätze mit Geschichts-Blick.

Chlodwigplatz 28, Severinsviertel
Tel: 0049 (0)221 314470
www.fruehemveedel.de
Montag – Samstag 11.00 – 1.00 Uhr,
Sonntag 10.00 – 22.00 Uhr

Ausschank Pfaffenbrauerei
Max Päffgen in der Altstadt

Ein schönes Brauhaus mit Fachwerkfassade, aufwendigen Holzschnitzereien und Keramikarbeiten im Restaurant, die Einblicke ins Brauhandwerk darstellen. Ornamentreiche Fenster präsentieren Berühmtheiten des Kölner Karnevals; wem das zu viel kölsche Folklore ist, der isst seinen „Halve Hahn" oder das Pfaffen-Pfännchen mit viel Fleisch und Spiegelei am Ostermann-Brunnen im dazugehörigen Biergarten und löscht seinen Durst mit einem Weltklasse-Päffgen.

Heumarkt 62, Martinsviertel
Tel: 0049 (0)221 2577765
www.max-paeffgen.de
Dienstag – Sonntag 10.00 –
24.00 Uhr, Montag geschlossen

Haus Toeller in der Innenstadt

Im Haus Toeller können Sie nichts verkehrt machen, es ist eins der ältesten Brauhäuser mit einer schmucken, hölzernen Kassettendecke, schiefen Tischen und knarrenden Holzstühlen. In der Küche stimmt alles – hier weiß man seit 1343, wie man Gäste glücklich macht.

Weyerstraße 96,
Mauritiusviertel
Tel: 0049 (0)221 2589316
www.haus-toeller.de
Montag – Samstag 17.00 – 24.00 Uhr,
Sonntag und an Feiertagen
geschlossen

Hellers Brauhaus im Kwartier Latäng

Alles bio oder was? Ja! Alle Rohstoffe des selbst gebrauten Biers sind aus kontrolliert biologischem Anbau. Damit ist Heller eine Perle unter den Brauhäusern, genau wie sein Wintergarten im Jugendstil. Durch die Nähe zur Uni treffen Sie in Hellers Brauhaus auf ein deutlich jüngeres und einheimischeres Publikum.

Roonstraße 33, Kwartier Latäng
Tel: 0049 (0)221 2401881
www.hellers-brauhaus.de
Montag – Sonntag 17.00 – 2.00 Uhr,
an Feiertagen geschlossen

Max Stark in der Nordstadt

Als Fleischliebhaber sollte man die Ochsenbrust mit Meerrettich oder den Schweinebraten mit Kohlrabi probieren. Die Karte wird immer um Frisches aus der jeweiligen Jahreszeit ergänzt.

Unter Kahlenhausen 47,
Kunibertsviertel
Tel: 0049 (0)221 2005633
www.max-stark.de
Montag – Sonntag 11.00 – 1.00 Uhr

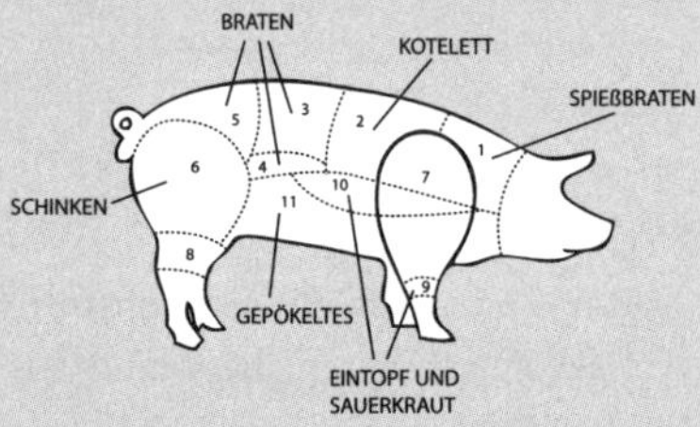

Jakubowski in Mülheim

„The Return of the Sonntagsbraten" erleben Sie hier in Bestform. Der Weg lohnt sich, das Restaurant hat Charme – man kann ausgiebig brunchen, zu Mittag oder zu Abend essen. Eine Mahlzeit hier lässt sich gut mit einem Rhein-Spaziergang verbinden, der das wahrscheinlich überzogene Kalorien-Konto wieder ein wenig ausgleicht.

Mühlheimer Freiheit 54,
Mühlheim
Tel: 0049 (0)221 9661110
www.jakubowski-koeln.de
Montag – Sonntag 10.00 – 1.00 Uhr

Brauhaus Pütz im Belgischen Viertel

Weniger touristisch, weniger folkloristisch, cooles Publikum, gute Küche, perfekt gezapftes Mühlenkölsch, sympathischer Service, riesige Schnitzel – und: Es liegt in unserem Lieblingsviertel.

Engelbertstr. 67, Belgisches Viertel
Tel: 0049 (0)221 211166
Montag – Sonntag 12.00 – 24.00 Uhr

KÖSTLICHES ZWISCHENDURCH

Krua Thai

Der ideale Ort für einen schnellen, leichten Imbiss mit guter und einigermaßen authentischer Thai-Küche. Die wenigen Plätze draußen sind fast immer belegt. Macht nichts – denn drinnen ist es auch luftig, hell und lebhaft. Selbst im Stehen kann man zum Beispiel das rote Curry mit zartem Hühnerfleisch genießen und fühlt sich danach voller Energie, um zu Fuß das Belgische Viertel zu erobern.

Brüsseler Straße 40 – 42,
Belgisches Viertel
Tel: 0049 (0)221 2774636
www.kruathai.org
Montag – Donnerstag
12.00 – 22.00 Uhr, Freitag und
Samstag 12.00 – 23.00 Uhr,
Sonntag 15.00 – 22.00 Uhr

Beef Brothers

So muss ein Burger aussehen und schmecken! Cheese- und Chili-Burger gehen weg mit warmen Semmeln. Gereicht werden die US-Frikadellen zügig und dekorativ in einem kleinen Metallgitterkörbchen. Das gefällt vielen Rindfleisch-Fans, weshalb hier immer akute Schlangengefahr herrscht. Aber so ist das eben im Burger-Paradies.

Aachener Straße 12, Belgisches Viertel
Tel: 0049 (0)221 29834736
www.beef-brothers.de
Dienstag – Donnerstag und
Sonntag 12.00 – 22.00 Uhr, Freitag
und Samstag 13.00 – 24.00 Uhr,
Montag Ruhetag

CAFÉS

Ein Städtetrip ohne Caféhaus, das wäre wie ein Strandurlaub ohne Sand. In Cafés kehrt man ein, um sich zu entspannen, neue Eindrücke auf sich wirken zu lassen, Menschen zu beobachten, Inspiration zu erfahren, weitere Pläne zu schmieden und vor allem, um sich mit einem guten Kaffee zu stärken und mit einer süßen Köstlichkeit zu verwöhnen.

Café Wahlen

Ein absolut authentisches Ausnahmecafé im Wirtschaftswunder-Stil. Hier stehen noch Russische Eier und Eierlikör auf der Karte. Die gewaltigen Torten kennt man eigentlich nur noch aus Filmen mit Inge Meysel oder Heinz Erhard. Und über diese könnte man wohl auch mit einigen Gästen plaudern, denn das Angenehme im Café Wahlen ist die Begegnung sämtlicher Generationen. Hier können Sie getrost alles bestellen, nur bitte keinen Café Latte – sondern: Filterkaffee.

Hohenstaufenring 64,
Mauritiusviertel
Tel: 0049 (0)221 231625
www.cafe-wahlen.de
Montag – Freitag 9.00 – 18.30 Uhr,

Samstag 11.00 – 18.00 Uhr ,
Sonntag 12.00 – 18.00

Törtchen Törtchen

Der Name des Cafés ist pures Understatement. Feinstes französisches Patisserie-Handwerk steckt hinter den süßen Verführern, von denen man sehr gerne zwei Exemplare essen möchte – insofern stimmt der Name wieder. Probieren Sie zum Beispiel eine Laphroaig Whiskypraline. Ob Sofortverzehr oder Mitbringsel: Diese Schatztruhe voller süßer Sünden ist ein Innenstadt-Muss!

Alte Wallgasse 2A, Apostelviertel
Tel: 0049 (0)221 99879611
www.toertchentoertchen.de
Montag – Samstag 11.00 – 19.00 Uhr,
Sonntag 13.00 – 17.00 Uhr

Eiscafé Il Gelato

Für uns ist die Farbe des Pistazieneises immer schon ein wasserdichter Hinweis auf die Qualität der Eiscreme – ist sie quietschend Kermit-grün, suchen wir das Weite. Im Il Gelato kommen nicht nur die Farben aus der Natur, sondern alle Geschmackssorten sind mit 100-prozentig natürlichen Inhaltsstoffen zubereitet und schmecken einfach himmlisch. Allerdings hat man die Qual der feinen Wahl – oder haben Sie schon einmal Rhabarbereis gegessen? Vorzüglich!

Goltsteinstraße 32, Bayenthal
Tel: 0049 (0)221 341888
www.ilgelato.de
Täglich 11.00 – 20.00 Uhr,
im Sommer 11.00 – 22.00 Uhr

LIFESTYLE UND STREETLIFE

Kölnkiosk

Wussten Sie, dass das Wort Kiosk auf das arabische „Koschk“ zurückgeht und Gartenpavillon heißt? Früher standen die kleinen Büdchen häufiger in Parknähe, um den Menschen dort Erfrischungen anzubieten. Inzwischen befindet sich der moderne Kölner Großstadtmensch offenbar permanent kurz vor der Dehydrierung oder scheint zumindest große Angst davor zu haben, denn wie sonst könnte man sich die auffällig hohe Anzahl an Büdchen in Köln erklären? Unser Lieblingskiosk – und längst ein Kult-Büdchen – ist der am Brüsseler Platz. Bei gutem Wetter kann man hier lässig im Fenster sitzen und das coole Treiben vor der Johanniskirche beobachten.

KÖLNS MULTI-KULTI HISTORIE

Auch wenn der Kölner nur ungern sein Veedel verlässt, gibt er sich in seiner Geisteshaltung zumeist weltoffen, schätzt Multikulturelles und ist stolz auf das romanische Blut, das möglicherweise – wahrscheinlich – in ihm fließt. 58 bis 51 v. Chr. eroberte Caesar ganz Gallien einschließlich des Rheinlandes. Köln hieß vorübergehend mal CCAA – Colonia Claudia Ara Agrippinensium. Erst 455 eroberten die Franken Köln. Im Mittelalter kamen Händler und Pilger in die Stadt am Rhein. Wesentlich später, von 1794 bis 1814, wurde Köln von den Franzosen regiert. Die Kölner galten als Verehrer Napoleons. Mehr als ein Jahrhundert später trafen 1960 die ersten italienischen Gastarbeiter in Köln ein.

Türkische Restaurants

Türken machen heute in Köln den größten Teil der Immigranten aus und verbreiten ein beliebtes Flair von Tausendundeiner Nacht. Das können Sie etwas außerhalb, in der Kolpstraße in Mülheim, erleben, dort wechseln sich äußerst lebhafte Restaurants mit Geschäften ab. Besonders gut isst man in der Karawanserei.
Zentraler genießen Sie die türkische Küche im Veedel Eigelstein in der Weidengasse: gediegen und gut im Bosporus, hier lohnt es sich schon allein, einen Mokka zu bestellen und mitzuerleben, wie stilvoll er in den typischen Ibriks, den kleinen, klassischen Kupferkännchen, zelebriert wird. Allerdings sitzt man dabei auf Auslegeware in ziemlich geschmacklosem – um nicht zu sagen spießigem – Ambiente. Authentischer, jünger und simpler geht es direkt nebenan im Doy Doy zu, was soviel bedeutet wie „doppelt satt“ und ein eindeutiger Hinweis auf die großen Portionen ist. Hier kann man sich auch noch später am Abend in Gesellschaft eines attraktiven Publikums an einem köstlich zarten Lamm erfreuen.

SPRACHFÜHRER KÖLN

jeck....verrückt
jot....gut
ömesöns....kostenlos
Pänz....Kinder
Tschö....Tschüss
Veedel....Viertel, Stadtteil
Verzäll....Gerede
Köbes....Kellner im Brauhaus (wörtlich: Jakob)
Pittermännche....10-Liter-Fass Kölsch
Stange....Glas Kölsch

DIE BESTEN AUSSICHTEN

Seilbahn

Endlich mal über allem schweben? Kein Problem! Für sechs Euro können Sie von Mitte März bis Anfang November mit einer Seilbahn, die seit Ende der 1950er Jahre als Verkehrsmittel genutzt wird, über den Rhein fahren und dabei wunderbare Aussichten auf das links- und rechtsrheinische Ufer genießen. Zugegeben, das ist nicht wirklich „alles“, aber erhebende Gefühle sind garantiert.

Riehler Straße 180, Köln-Riehl
Tel: 0049 (0)221 5474183 oder
0049 (0)221 5474184
www.koelner-seilbahn.de
23. März – 6. November,
Montag – Sonntag 10.00 – 18.00 Uhr

Hohenzollernbrücke

Wenn es Ihnen zu kitschig ist, für sich und Ihre Liebste oder Ihren Liebsten ein Herz in einen Baum zu ritzen und dies mit einem romantischen Wunsch zu verbinden, bietet sich auf der autofreien, neuromanischen Hohenzollernbrücke die perfekte Alternative: Kaufen Sie ein Vorhängeschloss, lassen Sie Namen oder Botschaften eingravieren und befestigen Sie es dort am Geländer – als Zeichen Ihrer Zusammengehörigkeit. Oder: Bringen Sie beim Verschließen einen Wunsch auf die Reise – dann Augen zu und Schlüssel ab in den Rhein. Sie werden sich wundern, wie viele Schlösser dort schon hängen! Worüber Sie ebenfalls ins Staunen geraten können, ist die sagenhafte Aussicht auf Köln, den Dom und seine beiden Rhein-Kulissen.

Claudius Therme

„Pack die Badehose ein!" ... Nein – nicht nur im Sommer, sondern zwölf Monate im Jahr können Sie Körper und Seele ab 14 Euro in einem der schönsten Thermalbäder Europas in Kurzurlaub schicken. Probieren Sie das schwerelose Floaten in der salzhaltigen Sole, ruhen Sie im Rosengarten, lassen Sie sich massieren, entgiften Sie in der Sauna oder genießen Sie den entspanntesten Open-Air-Blick auf den Dom. Eine natürliche Thermal- und Mineralquelle speist die verschiedenen Badeeinrichtungen mit staatlich anerkanntem Heilwasser. Inmitten des schönen Kölner Rheinparks erleben Sie eine Renaissance ihres Körpers und der römischen Badekultur. Wer den ganzen Tag Köln zu Fuß erkundet hat, wird hier eine schnelle Regenerierung des gesamten Organismus spüren.

Sachsenbergstraße 1, Rheinpark
Tel: 0049 (0)221 981440, www.claudiustherme.de
Täglich 9.00 – 24.00 Uhr

Drachenfels Königswinter

Machen Sie einen Ausflug zum Drachenfels, zum Beispiel staufrei per Dampfer auf dem Rhein. Mit dem meistbestiegenen Berg beginnt die meistgemalte Landschaft Deutschlands: das Siebengebirge. Erklimmen Sie im Ex-Winzerort Königswinter den sagenumwobenen Fels – angeblich hat Siegfried hier den Drachen getötet – und machen Sie sich auf romantische Impressionen der Superlative gefasst. Auf halber Höhe lohnt ein Ausflug in die Nibelungenhalle mit Reptilien, die selbst Steven Spielberg begeistern würden. Ganz oben erwartet Sie die neugotische Drachenburg, die ein wenig so wirkt, als hätte Tim Burton vor, dort seinen nächsten Fantasy-Film zu drehen. Vom Nordturm des Schlosses eröffnet sich eine Mega-Aussicht – nein, nicht bis nach Hollywood, aber dennoch filmreif – auf den Rhein, die Eifel und die Kölner Bucht. Der Aufstieg beginnt hinter dem Bahnübergang und ist etwas mühsam, aber die Anstrengung lohnt sich. Früher gab es hier nur die Esel von Esels Peter; auf den tapferen Mulis lassen sich jetzt Kinder nach oben zöckeln. Erwachsenen raten wir zur Passage mit Deutschlands ältester Zahnradbahn.

Drachenfelsstraße 53,
Königswinter
Tel: 0049 (0)2223 92090
www.drachenfelsbahn-koenigswinter.de

Frankenwerft 35, Martinsviertel
Tel: 0049 (0)221 2088318
www.k-d.com

Bahnhof Rolandseck und das Arp Museum

Für einen der schönsten Blicke auf den Drachenfels empfehlen wir die Terrasse des Museumscafés im Bahnhof Rolandseck in Remagen. Das 19. Jahrhundert atmet noch im Festsaal durch Stuck und Kristall – hier hat sich die Prominenz luxuriös empfangen gefühlt, die anno dazumal von der Bahn auf das Rheinschiff wechselte. Erfreuen Sie sich an Kunst und Küche gleichermaßen. Sie sehen Arbeiten von Hans Arp und Sophie Taeuber-Arp sowie wechselnde Ausstellungen mit Werken zeitgenössischer Künstler. Neubau und historisches Bahnhofsgebäude sind durch einen Aufzug und unterirdisch verbunden, den Tunnel hat die Künstlerin Barbara Trautmann mit einer 17 Meter langen Neon-Leuchtspirale kunstvoll illuminiert.

Hans-Arp-Allee 1, Remagen
Tel: 0049 (0)2228 942512
www.arpmuseum.org
Zug: Rolandseck

KÖLN DRAUSSEN

Wer einen Sonntagnachmittag im 50er Jahre Adenauer-Stil verbringen möchte, wirft sich in die schicke Feiertags-Schale, kombiniert eine Gondelfahrt mit einem Spaziergang im großzügig angelegten Rheinpark und bestellt sich anschließend auf den Rheinterrassen ein Stück Sahnetorte.

Rheinterrassen

Auf den rund 40.000 Quadratmetern Grünfläche fand schon zweimal die Bundesgartenschau statt. Von der prallen Üppigkeit und der enormen Vielzahl an Pflanzen aus aller Welt profitieren die Kölner noch heute. Besonders die asiatischen Plätze, die als kraftspendende Oasen angelegt wurden, eignen sich prima auch für heutige Entspannungsarten wie Meditation und Yoga.

Um einen Sonnenuntergang auf dem Rhein zu genießen, bieten die Rheinterrassen reichlich gemütliche Plätzchen: Im Sommer erzeugen Strandkörbe und Strandbetten Küstenfeeling pur. Rheinische Beach-Atmosphäre findet sich auf 3500 Quadratmetern Sand im Cologne Beach Club.

Ganzjährig finden Kulturevents statt – im Winter im Theater am Tanzbrunnen, dessen Sternendach von Architekt Frei Otto aus den späten 50er Jahren ein Hingucker ist.

Rheinparkweg 1 , Rheinpark
Tel: 0049 (0)221 65004321
www.rhein-terrassen.de
Montag – Samstag 18.00 – 1.00 Uhr,
Sonntag 12.00 – 1.00 Uhr

Joggen

Am Rhein entlang könnten Sie bis nach Bonn joggen; wenn Sie sauerstoffreichere Luft bevorzugen, bieten sich der äußere und innere Grüngürtel im Stadtwald in Lindenthal an.

www.laufen-in-koeln.de

Köln per Fahrrad

Radeln macht in Köln richtig Spaß, egal ob Sie die Jogger am Rhein überholen, das grüne Umland erkunden oder eine Tour mit Kultur kombinieren und zum Beispiel die Schlösser in Brühl besichtigen.
Schon ab zwei Euro können Sie ein Fahrrad für eine Stunde ausleihen, oder Sie nehmen an einer geführten Fahrradtour teil und lassen sich bequem mit Informationen versorgen. Alle Touren nach telefonischer Vereinbarung. Gestartet wird täglich um 13.30 Uhr an der Verleihstation am Rheinufer, direkt neben der Deutzer Brücke.

Tel: 0049 (0)171 6298796
www.koelnerfahrradverleih.de
www.regio-gruen.de
www.erlebnisweg-rheinschiene.de

Köln per Schiff

Wie sollte man eine Stadt am Rhein wohl besser begutachten können als von einem Schiff aus? Gerade in den wärmeren Monaten ist es ebenso spannend wie entspannend, während einer einstündigen Panoramafahrt seine Blicke über die abwechslungsreiche Skyline gleiten zu lassen.

Anlegestelle Hohenzollernbrücke
Tel: 0049 (0)221 2574225
www.dampfschiffahrtcolonia.de

KÖLNER PERSÖNLICHKEITEN

Heinrich Theodor Böll (1917 – 1985)

„Heinrich Böll, der Schriftsteller, der in seinem Werk lediglich seine Zeit darstellen wollte und damit für alle Zeiten schrieb, wird nicht in Vergessenheit geraten", wertschätzte ihn sein Kollege Siegfried Lenz 1985 im Spiegel.

Heinrich Theodor Böll wurde am 21. Dezember 1917 in der Kölner Südstadt (Ecke Alteburger Straße/Teutoburger Straße) in kleinbürgerliche Verhältnisse geboren und starb als einer der bedeutendsten deutschen Schriftsteller der Nachkriegszeit am 16. Juli 1985 in Kreuzau-Langenbroich. 1951 bekam er seinen ersten Literaturpreis von der Gruppe 47 für „Die schwarzen Schafe", danach entstanden viele seiner berühmten Werke, wie „Haus ohne Hüter" (1954), „Irisches Tagebuch" (1957), „Doktor Murkes gesammeltes Schweigen und andere Satiren" (1958), „Billard um halbzehn" (1959), „Ansichten eines Clowns" (1963) und „Ende einer Dienstfahrt" (1966). 1967 erhielt Böll den Georg-Büchner-Preis für sein schriftstellerisches Gesamtwerk. Als Präsident des P.E.N.-Clubs Deutschland nahm Böll 1972 den Nobelpreis für Literatur entgegen. Bölls bekannteste Erzählung, „Die verlorene Ehre der Katharina Blum", erschien 1974 und bezieht Position gegen die Methoden der Springer-Presse. Böll setzte sich auch immer wieder kritisch mit der katholischen Kirche auseinander. Ende der 70er Jahre unterstützte er das Komitee Cap Anamur/Deutsche Notärzte e. V. und war als Pazifist Mitglied der Friedensbewegung. Viele Institutionen tragen den Namen des renommierten Schriftstellers, der seit 1982 Ehrenbürger Kölns ist.

FILMTIPP

Die verlorene Ehre der Katharina Blum, Regie: Volker Schlöndorff und Margarethe von Trotta

„Die verlorene Ehre der Katharina Blum" wurde 1975 von dem Autorenfilmer-Paar Volker Schlöndorff und Margarethe von Trotta inszeniert und basiert auf der gleichnamigen Erzählung Heinrich Bölls.

Angela Winkler, die für die Hauptrolle mit dem Deutschen Filmband in Gold ausgezeichnet wurde, spielt eine unbescholtene Frau, die wegen ihrer Freundschaft zu einem Straftäter Opfer einer menschenverachtenden Berichterstattung der Boulevardpresse wird. Als „eiskalte, berechnende Terroristenbraut" wird sie über einen längeren Zeitraum variantenreich diskreditiert. Diese respektlose Bloßstellung bringt sie schließlich dazu, den verantwortlichen Reporter aus Wut und Verzweiflung zu töten. Gedreht wurde im Kölner Stadtgebiet, den WDR-Studios und in Tirol. „Ähnlichkeiten mit gewissen journalistischen Praktiken sind weder beabsichtigt noch zufällig, sondern unvermeidlich." Mit dieser parodierenden Aussage endet der Film, dessen Botschaft – die Kritik an den Machenschaften der Boulevardpresse – auch heute nichts an Brisanz verloren hat.

BUCHTIPP

„Mordshunger" und „Tod und Teufel" von Frank Schätzing

Beide Romane sind von 2008, beide spielen in der Domstadt. „Mordshunger" wurde überarbeitet und ist Schätzings erste Geschichte. Kommissar Romanus Cüpper wird bei seinen Ermittlungen mit Motiven wie Sex, Drogen und Geldgier konfrontiert. Da er darüber seinen Appetit nicht verliert, taucht man mit ihm immer wieder in die Kölner Gastronomieszene ein und erhält am Ende, nach einer unerwarteten Auflösung, köstliche Rezepte beliebter Kölner Küchenchefs.

In „Tod und Teufel" schickt Schätzing seine Leser ins Mittelalter: Der Dombaumeister wird vom Gerüst der Kathedrale gestoßen. Das beobachtet das nächste potenzielle Mordopfer. Köln als Ort des Geschehens ist keineswegs austauschbar – Schätzings präzise Beobachtungen treffen Köln und Kölner ins Charakter-Mark.

Beide Bücher sind eine spannende und äußerst sprachgewitzte Freizeitlektüre.

KARNEVAL

Der Kölner Karneval

... oder „die fünfte Jahreszeit". Auf den ersten Karnevals-Blick könnte man denken, es gehe vor allem um Spaß. Doch die ursprünglich auf das 13. Jahrhundert zuückgehende Tradition der Karnevalsumzüge hat einen ernsten Hintergrund. Als Hexen kostümierte Frauen auf Besen, überdimensionierte, erschreckende Masken und Männer in Soldatenuniformen sollen Angst verbreiten. Mit Glocken und Peitschen wird laut gelärmt, um böse Geister zu verschrecken, die die Ernte und das Wachstum beeinträchtigen könnten. Ein weiteres Motiv – und dafür finden sich weitaus größere Interessensgruppen – ist es, den Winter zu vertreiben. Am 11.11. beginnt die fünfte Jahreszeit mit diversen Veranstaltungen wie Sitzungen und Veedels-Zügen, deren Teilnehmer sich qualifizieren müssen, um am wichtigsten aller Umzüge teilnehmen zu dürfen: dem Rosenmontagszug. „D'r Zoch" in Köln ist mit seinen circa sieben Kilometern der längste in Deutschland, etwa 100 Prunk- und Persiflagewagen schlängeln sich vier Stunden lang durch die Innenstadt. Bis zu einer Million Menschen feiern rund um den Zug. Dazu gehört es, sich bewerfen zu lassen: 150 Tonnen Süßigkeiten, über 700.000 Tafeln Schokolade, mehr als 220.000 Schachteln Pralinen, über 300.000 Strüssjer und Tausende von Stoffpüppchen verlassen in hohem Bogen den Zoch. „Altweiber" zieht es Frauen aus ganz Deutschland nach Köln, um zum Beispiel Männern hemmungslos die Krawatten – nur Narren tragen welche an diesem Tag – abzuschneiden. Köln befindet sich drei Tage lang im Ausnahmezustand, Kölsch fließt in Strömen und Feiern ist Gesetz. Geheimtipps gibt es leider nicht, die ganze Stadt macht Party. Am Aschermittwoch ist alles vorbei. Dann beginnt die 40-tägige Fastenzeit, um sich auf Ostern vorzubereiten. Wer sich in die Geschichte des Karnevals vertiefen möchte oder Anregungen für seine Verkleidung braucht, kann sich im Kölner Karnevalsmuseum nicht nur in die letzten beiden Jahrhunderte begeben, sondern auch in andere Regionen.

Kölner Karnevalsmuseum
Maarweg 134 – 136, Köln-Ehrenfeld
Tel: 0049 (0)221 5740074
www.kk-museum.de
Donnerstag 10.00 – 20.00 Uhr,
Freitag 10.00 – 17.00 Uhr, Samstag
und Sonntag 11.00 – 17.00 Uhr,
Montag, Dienstag, Mittwoch
geschlossen

Karnevals-Shopping

Einmal im Jahr aus der Rolle fallen, sich verkleiden und jemand anders sein! Dazu muss man weder Kind noch Karnevalsjeck sein. Manchmal reicht schon ein Besuch in einem Kostüm-Fachgeschäft aus, um sich zu amüsieren. Beispielsweise wenn eigentlich blendend aussehende, junge Männer mit einer gewaltig großen, hellblond gesträhnten Vokuhila-Perücke selbstkritisch vor dem Spiegel ihre Ähnlichkeit mit dem frühen Rudi Völler überprüfen. Was man auf jeden Fall mitbringen sollte, wenn man etwas kaufen möchte, ist eine enorm große Polyester-Toleranz.

Festartikel Schmitt
Johannisstraße 67,
Kunibertsviertel
Tel: 0049 (0)221 123687
www.festartikel-schmitt.de
Montag – Freitag 11.00 – 19.00 Uhr,
Samstag 11.00 – 15.00 Uhr

Jot jelunge
Lindenstraße 53,
Komponistenviertel
Tel: 0049 (0)221 249891
www.jotjelunge.de
Montag – Freitag, 12.00 – 19.00 Uhr,
Samstag 12.00 – 16.00 Uhr

Kleiner Karnevals-Dolmetscher

Ajuja……Jubelruf: „Hinein ins Vergnügen“
Alaaf……Kölner Narrenruf, abgeleitet von „Es lebe hoch“
Bütt……das Rednerpult, wörtlich Waschzuber
Dreigestirn……die oberen drei Repräsentanten des Karnevals: Prinz, Bauer und Jungfrau
Kamelle! Strüssjer!……Bonbons und kleine Blumengebinde, der meistgehörte Ausruf am Zugweg
Stippeföttche……Tanzfigur, bei der die Hinterteile (Föttche) aneinanderstippen, während man die Knie beugt

Tourist Info:
Köln Tourismus
Kardinal-Höffner-Platz
(gegenüber dem Dom Haupteingang)
Tel: 0049 (0)221 22130400
www.koelntourismus.de
Montag – Samstag 9.00 Uhr – 20.00 Uhr, Sonntag und an Feiertagen 10.00 – 17.00 Uhr

Vorwahlen:
Deutschland: 0049
Köln: 0221

Transport Flughafen:
Vom Konrad-Adenauer-Flughafen fährt man mit dem Taxi für ca. 30 Euro in die Innenstadt. In ca. 14 Minuten gelangt man mit der S-Bahn-Linie 13 oder mit ICE und Regionalzügen zum zentralen Hauptbahnhof.

Transport Zug:
Der Hauptausgang führt direkt zum Dom. Taxen und Bushaltestellen sind am Breslauerplatz, Hinterausgang.

Taxiruf:
Tel: 0049 (0)221 2882
www.taxi-ruf.de

Stadtmagazine:
www.tagnacht-koeln.de
www.prinz.de

City Websites:
www.koeln.de
www.stadt-koeln.de
www.koeln-journal.de
www.koeln-magazin.info

Fahrradverleih:
Preise: Stunde für 2 Euro und 7 Tage für 40 Euro
Führungen nach telefonischer Vereinbarung, Start täglich 13.30 Uhr an der Verleihstation, am Rheinufer, neben Deutzer Brücke
Tel: 0049 (0)171 6298796
www.koelnerfahrradverleih.de

Köln Welcome-Card:
Freie Fahrt mit Bus und Bahn, Vergünstigungen für über 80 Adressen in Kunst, Kultur, Freizeit, Shopping, Gastronomie
Preise gestaffelt: 9 Euro für 24 Stunden bis zu 19 Euro für 72 Stunden

MEIN PERFEKTES WOCHENENDE

Freitag:

Samstag:

Sonntag:

NOTIZEN